SEMINÁRIOS

Introdução ao Estudo do Direito e Relações Internacional

PROF. JORIELSON BRITO NASCIMENTO

(Coordenador - Organizador)

SEMINÁRIOS.

INTRODUÇÃO AO ESTUDO DO DIREITO

PROR. JORIELSON BRITO NASCIMENTO

CURSO DE RELAÇÕES INTERNACIONAIS

UNIVERSIDADE FEDERAL DO AMAPÁ - UNIFAP

NASCIMENTO, Jorielson Brito

Ebook, Seminários Introdução ao Estudo do Direito e Relações Internacionais / Jorielson Nascimento; 1a edição; Macapá, Editora Independente, 2023.

ISBN: 9798863093109
Selo editorial: Independently published

1.   Direito. 2. Relações Internacionais. 3. Introdução ao Estudo do Direito.

I.   Título

PROF. JORIELSON BRITO NASCIMENTO
Editora Independente

Jorielson Brito Nascimento
Coordenador

SEMINÁRIOS
Introdução ao Estudo do Direito e Relações Internacionais

Ana Carolina Rabelo Ramos (Organizadora)
Ayme Ananda da Gama Tito (Organizadora)
George da Silva Bacelar (Organizador)
Jessica Rodrigues dos Santos Sousa (Organizadora)
Maria Eduarda Mendes Barros (Organizadora)
Natália Cruz da Conceição (Organizadora)
Sarah da Silva Rodrigues (Organizadora)
Talita Leão Malcher Ferreira (Organizador)

Almir Oliveira Maciel Junior

Ana Clara Moreira de Lemos

Andressa de Jesus Penha

Andreza Raissa Costa Dinelly

Diosmar da silva dos santos Jr

Eduardo Breno Rodrigues de Carvalho

Gabrielle Vitória Nascimento de Andrade

Graziella Beatriz Souza de Carvalho

Igor Daniel Soares Leite

Isabela Furtado da Silva

João Vítor Gomes Gonçalves

Josikelly Facundes Rodrigues

Juliana de Araújo Ferreira

Juliely Marcely dos Santos Vilhena

Katheryne Lima da Silva

Kelly Pereira da Silva

Kezia Souza de Brito
Lana Clisia Tenório Barbosa
Lorrane Christina Monteiro Trindade
Louise de Souza Gouveia
Luan Roberto Castro Rodrigues
Marcely Lobato dos Santos
Maria Antonieta Auzier dos Santos
Maria Júlia Hygino Ribeiro
Mariana Thaiza Moura Smith
Sabrinne Monteiro Campbell
Samylle Munyqui Soares Baia
Silviane Gomes Lopes
Stephanyne Dayane dos Santos Pinto
Suzana Moraes Vilhena

Macapá
2023

Agradecimentos especiais aos Professores
Lincoln Narcelio Thomaz Noronha *e*
Paulo Roberto Moraes de Mendonça,

pela participação e orientações nos seminários.
Suas presenças engrandeceram os debates!

Agradecimentos à Coordenação do Curso Relações
Internacionais, em especial à Profa. **Camila Soares Lippi***;*

Agradecimentos à Coordenação do Curso de Direito em
especial ao Prof. **Antonio Sabino.da Silva Neto***.*

"A injustiça num lugar qualquer é uma ameaça à justiça em todo o lugar".

Martin Luther King Jr.

Elaborado por
Jorielson Brito Nascimento

Revisão por
Jorielson Brito Nascimento

Design da Capa
Jorielson Brito Nascimento

◆ ◆ ◆

APRESENTAÇÃO

Este Ebook é a reunião de artigos e pesquisas acadêmicas produzidos pelos alunos calouros do Curso de Relações Internacionais (2023) da Universidade Federal do Amapá (UNIFAP), para a disciplina INTRODUÇÃO AO ESTUDO DO DIREITO, ministrada pelo Prof. Me. Jorielson Brito Nascimento. As pesquisas foram desenvolvidas e apresentadas em forma de seminários sob os seguintes temas:

1 - Sociedade Internacional;

2 - Fontes do Direito Internacional;

3 - O Estado na Ordem Jurídica Internacional;

4 - ONU - Mulher Regufiada;

5 - OEA/MERCOSUL;

6 - Proteção Internacional dos Direitos Humanos;

7 - Refugiados Ambientais;

8 - Proteção Internacional do Meio Ambiente;

Para as apresentações dos seminários seguiu-se criteriosa orientação metodológica, permitindo-se aos relatores, debatedores e comentadores, tanto o aprofundamento dos temas pesquisados como também, e sobretudo, a articulação dos temas com a disciplina Introdução ao Estudo do Direito.

A metodologia desenvolvida na disciplina, por meio de seminários, permitiu ao aluno calouro compreender e perceber que os assuntos relacionados à matéria introdutória do Direito, encontram correspondência pragmática em todos os temas pesquisados e debatidos durante as apresentações.

Não se exigiu rigorismo na observâncias das regras acadêmicas para a produção dos artigos, exatamente por se tratar de uma turma caloura na Universidade, mas a qualidade não deixou a desejar.

Prof. Jorielson

SUMÁRIO COMPLETO

APRESENTAÇÃO

A SOCIEDADE INTERNACIONAL: DESAFIOS GLOBAIS E PERSPECTIVAS FUTURAS

1. INTRODUÇÃO
2. CONCEITO DE SOCIEDADE INTERNACIONAL E SEUS ATORES:
2.1. CONFLITO E COOPERAÇÃO
2.2. INSTITUIÇÕES INTERNACIONAIS
2.3. DESAFIOS GLOBAIS DA SOCIEDADE INTERNACIONAL
2.4. PERSPECTIVAS FUTURAS
3. CONSIDERAÇÕES FINAIS
4. REFERÊNCIAS

AS FONTES DO DIREITO INTERNACIONAL E SUA CONTRIBUIÇÃO NAS RELAÇÕES ENTRE OS PAÍSES SOBERANOS DA ATUALIDADE

1. INTRODUÇÃO
2. FONTES DO DIREITO INTERNACIONAL
3. FONTES EM ESPECIE:
3.1. CONVENÇÕES OU TRATADOS INTERNACIONAIS:
3.2. COSTUME INTERNACIONAL:
3.3. PRINCIPIOS GERAIS DO DIREITO INTERNACIONAL:
3.4. DOUTRINA E JURISPRUDÊNCIA INTERNACIONAL:
4. NOVAS FONTES DO DIREITO INTERNACIONAL:
4.1. EQUIDADE E ANALOGIA:
4.2. ATOS UNILATERAIS DO ESTADO:
5. DECISÕES DAS ORGANIZAÇÕES INTERNACIONAIS (OI):
5.1. ATOS UNILATERAIS:
5.2. JUS COGENS:
5.2.1 Como o jus cogens se caracteriza:

5.3.   SOFT LOW:
6. PLANO DE VALIDADE DAS FONTES DO DIREITO INTERNACIONAL:
7. DIREITO INTERNACIONAL E RELAÇÕES INTERNACIONAIS

O ESTADO NA ORDEM JURÍDICA INTERNACIONAL

1.   INTRODUÇÃO
2.   O CONCEITO GERAL DE ESTADO PARA O DIREITO
3.   CLASSIFICAÇÃO DO DIREITO
4.   CONCEITO DE ESTADO NO DIREITO INTERNACIONAL
4.1.   CONCEITO DE SOBERANIA
4.2.   CONFLITOS DE SOBERANIA
5. QUESTÃO DA DELIMITAÇÃO DA PLATAFORMA CONTINENTAL ENTRE A NICARÁGUA E COLÔMBIA ALÉM DAS 200 MILHAS NÁUTICAS DA COSTA NICARAGUENSE (NICARÁGUA x COLÔMBIA)
6.   CONSIDERAÇÕES FINAIS
7.   REFERÊNCIAS

ONU - INICIATIVAS PARA INCLUSÃO DE MULHERES REFUGIADAS E MIGRANTES NO MERCADO DE TRABALHO BRASILEIRO E O PAPEL DA ONU.

1.   INTRODUÇÃO
2.   ONU (ORGANIZAÇÃO DAS NAÇÕES UNIDAS)
2.1.   OBJETIVOS E PRINCÍPIOS DA ONU
2.2.   ACNUR
3.   ONU MULHERES
4.   QUEM SÃO PESSOAS REFUGIADAS?
5. QUAIS OS DIREITOS E DEVERES DAS PESSOAS REFUGIADAS NO TERRITÓRIO BRASILEIRO?
6. AS DIFICULDADES DAS MULHERES REFUGIADAS NO MERCADO DE TRABALHO
7. INICIATIVAS PARA INCLUSÃO DE MULHERES REFUGIADAS E MIGRANTES NO MERCADO DE TRABALHO BRASILEIRO
8. TENDÊNCIA NOTÁVEL: CRESCIMENTO DAS MULHERES

IMIGRANTES E DESAFIOS NO ESTADO DO AMAPÁ.
9.   CONCLUSÃO
10.   REFERÊNCIAS

OEA X MERCOSUL

1.   O QUE É A OEA?
1.1.   ESTRUTURA ORGÂNICA E COMISSÕES:
1.2.   OEA COMO ATOR INTERNACIONAL E SEU PAPEL EM DEFESA DA DEMOCRACIA NO CONTINENTE AMERICANO:
1.3.   OEA E AS CRISES POLÍTICAS:
1.4.   CASO HONDURAS:
1.5.   CASO DE CUBA:
1.6.   OEA E O FUTURO:
2.   EM RESUMO:
3.   MERCOSUL
3.1.   ESTRUTURA DO MERCOSUL:
3.2.   MERCOSUL ALÉM DA ECONOMIA:
3.3.   NORMAS E INSTRUMENTOS REGIONAIS DEMOCRÁTICOS NO MERCOSUL:
4.   REFERÊNCIAS

PROTEÇÃO INTERNACIONAL DOS DIREITOS HUMANOS

1.   INTRODUÇÃO
2.   DIREITOS HUMANOS - HISTÓRIA
3.   DECLARAÇÃO UNIVERSAL DOS DIREITOS HUMANOS
4.   AS TRÊS VERTENTES DA PROTEÇÃO INTERNACIONAL DOS DIREITOS
4.1.   DIREITOS HUMANOS:
4.2.   DIREITO HUMANITÁRIO:
4.3.   DIREITO INTERNACIONAL DOS REFUGIADOS:
5.   PROTEÇÃO INTERNACIONAL DOS DIREITOS HUMANOS E SUAS APLICABILIDADES
5.1.   PACTO DOS DIREITOS CIVIS E POLÍTICOS
5.2.   PACTO INTERNACIONAL DOS DIREITOS ECONÔMICOS, SOCIAIS E CULTURAIS
6.   SISTEMA INTERNACIONAL DOS DIREITOS HUMANOS: GLOBAL E REGIONAL

6.1.   COMO SURGIU O SISTEMA INTERAMERICANO?
6.2.   COMO ATUA O SISTEMA INTERAMERICANO?
7.   OS DEMAIS SISTEMAS REGIONAIS VIGENTES NO MUNDO
7.1.   O QUE É SISTEMA EUROPEU DE DIREITOS HUMANOS?
7.2.   E O QUE É O SISTEMA AFRICANO DE DIREITOS HUMANOS?
8.   DIREITOS HUMANOS E ÀS RELAÇÕES INTERNACIONAIS
9.   REFERÊNCIAS

REFUGIADOS AMBIENTAIS

1.   INTRODUÇÃO
2.   VULNERABILIDADE E O RISCO SOCIAL
3.   IMPACTOS SOCIAIS, ECONÔMICOS E POLÍTICOS
4.   DESAFIOS JURÍDICOS E DEFICIÊNCIAS NAS ESTRUTURAS INTERNACIONAIS
5.   MEDIDAS DE ADAPTAÇÃO E MITIGAÇÃO
5.1.   INVESTIMENTOS EM INFRAESTRUTURA RESILIENTE PARA COMUNIDADES VULNERÁVEIS.
5.2.   DESENVOLVIMENTO DE POLÍTICAS DE REASSENTAMENTO E REALOCAÇÃO ADEQUADAS.
5.3.   IMPORTÂNCIA DE ESTRATÉGIAS DE MITIGAÇÃO DAS MUDANÇAS CLIMÁTICAS.
6. O PAPEL DAS ORGANIZAÇÕES INTERNACIONAIS E GOVERNOS
6.1.   NECESSIDADE DE LIDERANÇA GLOBAL NA ABORDAGEM DE REFUGIADOS AMBIENTAIS
6.2.   COOPERAÇÃO ENTRE AS NAÇÕES PARA ESTABELECER DIRETRIZES E ACORDOS MULTILATERAIS
6.3.   AJUDA HUMANITÁRIA E APOIO À PAÍSES DE ACOLHIMENTO
7.   CONCLUSÃO
8.   REFERÊNCIAS

DIREITO INTERNACIONAL DO MEIO AMBIENTE

1.   INTRODUÇÃO
2.   IMPLANTAÇÃO DO DIREITO INTERNACIONAL DO MEIO AMBIENTE

3.   PRINCIPAIS NORMAS DO DIREITO INTERNACIONAL DO MEIO AMBIENTE:

4.   LEGISLAÇÃO AMBIENTAL NO BRASIL E SEU SURGIMENTO:

5.   O QUE DIZ A LEGISLAÇÃO AMBIENTAL BRASILEIRA:

6.   OS ESTADOS NO DIMA

7.   NOVOS SUJEITOS NO DIMA

8.   CAPITALISMO E RELAÇÕES SOCIOECONÔMICAS POR TRÁS DE DEBATES AMBIENTAIS

9.   DESASTRES NATURAIS E SUAS LIGAÇÕES COM A ECONOMIA NEOLIBERAL:

10.   TRATADOS E ACORDOS AMBIENTAIS

11.   OS DESAFIOS AMBIENTAIS ENFRENTADOS PELA SOCIEDADE INTERNACIONAL

11.1.   FOME E O MEIO AMBIENTE

11.2.   CONFLITOS ENTRE MEIO AMBIENTE E COMÉRCIO

12.   PROTEÇÃO EFETIVA DO MEIO AMBIENTE EM NÍVEL INTERNACIONAL:

13.   A PARTICIPAÇÃO DE TODOS OS SETORES DA SOCIEDADE PARA ENFRENTAR OS DESAFIOS AMBIENTAIS GLOBAIS:

14.   CONSIDERAÇÕES FINAIS

15.   BIBLIOGRAFIA

SOBRE O AUTOR

A SOCIEDADE INTERNACIONAL: DESAFIOS GLOBAIS E PERSPECTIVAS FUTURAS

George da Silva Bacelar (organizador)
Katheryne Lima da Silva
Lorrane Christina Monteiro Trindade

RESUMO

A sociedade internacional enfrenta uma série de desafios globais que demandam uma abordagem colaborativa e holística. Neste estudo, buscamos analisar e compreender as complexidades desses desafios, que vão desde as mudanças climáticas e a desigualdade socioeconômica até os conflitos internacionais e a migração em massa. A introdução contextualiza o cenário global atual e apresenta o objetivo específico do trabalho: explorar os impactos das mudanças climáticas nas populações vulneráveis e propor estratégias de cooperação internacional para a resolução de conflitos. A revisão bibliográfica destaca as teorias e abordagens existentes relacionadas aos desafios globais e fornece uma base conceitual para nossa análise. O estudo utiliza uma metodologia mista, combinando análise de dados secundários e entrevistas com especialistas, para obter uma visão abrangente dos problemas abordados. Os resultados destacam a urgência de ações efetivas para combater as mudanças climáticas e apoiar as populações vulneráveis que já sofrem seus impactos. Além disso, revelam a importância da cooperação internacional na prevenção e resolução de conflitos, a fim de promover a paz e a estabilidade global. Concluímos assim que os desafios globais demandam uma ação coletiva e colaborativa, envolvendo governos, organizações internacionais, setor privado e sociedade civil. Propomos um conjunto de recomendações políticas para abordar esses desafios de maneira integrada e sustentável, buscando um futuro mais justo, seguro e resiliente para a sociedade internacional.

PALAVRAS-CHAVE: Desafios globais, Sociedade Internacional e Cooperação Internacional.

1.   INTRODUÇÃO

A sociedade contemporânea enfrenta uma série de desafios globais que impactam não apenas as nações individualmente, mas também o mundo como um todo. Esses desafios abrangem uma ampla gama de questões, desde as mudanças climáticas, a desigualdade socioeconômica, até os conflitos internacionais e a migração em massa. Nesse contexto, entender e analisar as dinâmicas da sociedade internacional torna-se uma tarefa essencial para buscar soluções efetivas para esses problemas prementes.

O presente trabalho tem como objetivo [descreva o objetivo específico do trabalho, por exemplo, "analisar os impactos das mudanças climáticas nas populações vulneráveis", "explorar as implicações socioeconômicas da globalização" ou "avaliar as estratégias de cooperação internacional para a resolução de conflitos"]. A relevância desse estudo reside no fato de que a sociedade internacional está cada vez mais interconectada, e a compreensão desses desafios complexos é essencial para orientar políticas públicas, promover a cooperação global e buscar um futuro sustentável.

2.   CONCEITO DE SOCIEDADE INTERNACIONAL E SEUS ATORES:

Segundo o autor Hedley Bull (2002), "sociedade" e "ordem" são conceitos interligados, quando a definição de ordem é desvinculada da noção de instrumento formal regulatório. É dizer que pode haver ordem mesmo na ausência de leis ou de aparatos institucionais formais, constituindo-se uma sociedade.

Sociedade internacional e seus atores: dentro da sociedade internacional os atores são aqueles que interferem consideravelmente na condução de temas internacionais significativos. Participando de alguma forma das relações jurídicas e políticas internacionais.

PRINCIPAIS ATORES E SUAS INTERAÇÕES

NA SOCIEDADE INTERNACIONAL: São atores das relações internacionais: os Estados, as organizações internacionais, as organizações não- governamentais, as empresas transnacionais, os atores governamentais não centrais, os atores intraestatais não governamentais e os indivíduos.

ESTADO (PRINCIPAL ATOR) 1) REPARTIDOR DE ESPAÇOS: A ordem internacional é essencialmente territorial e, portanto, compartimenta o espaço, na medida em que todos os espaços somente adquirem sentido por meio dos Estados.: 2) O Estado instrumento, que tenta adaptar as sociedades ao ambiente em constante evolução. Como ordenador dos anseios da sociedade, a ação do Estado decorre dos vínculos de: • causalidade - a mudança nascida da necessidade: • funcionalidade - a criação de novas estruturas e a reforma de outras; • intencionalidade - capacidade do homem de Estado, ao contrário do burocrata, de moldar seu ambiente segundo os objetivos a serem alcançados. 3) O Estado garante segurança para seus cidadãos:

ESTADO E SUA ATUAÇÃO NA SOCIEDADE INTERNACIONAL: Na seara externa, o Estado define-se como detentor inconteste, portanto soberano, de um espaço territorial delimitado, ocupado de forma permanente por indivíduos que se vinculam a ele pela LIGAÇÃO da nacionalidade. Compartilhando valores comuns estando à sua frente um governo que dispõe de vontade e instrumentos, como a Diplomacia e as Forças Armadas, que operacionalizam sua atuação externa. A ausência de um poder comum e de uma ordem centralizada em âmbito externo, ao contrário do que ocorre no plano interno, conduz o Estado a cooperar, competir ou mostrar -se indiferente em relação aos outros integrantes do sistema internacional. Essa situação faz do Estado, detentor de exclusiva competência interna, um ser radicalmente distinto quando age na seara externa, pois ele se confronta com pares, em perfeita igualdade jurídica, mas em flagrante desigualdade de fato.

As OI são percebidas de forma diferenciada pelos Estados-membros. Para os mais poderosos, elas constituem um inovador instrumento de ação externa pelo qual se busca a eficácia que o bilateral não comportar, e sobretudo a legitimidade outorgada pelo coletivo. Para os Estados mais débeis, sobretudo os PMA, as OI representam fatores de sobrevivência. Para os Estados intermediários, elas representam incontornável instrumento de administração pública, como é o caso das ações do Fundo Monetário Internacional (FMI) e do Banco Mundial (BIRD) na América Latina. Contudo, é permanente a tensão entre criatura e criador, entre Ol e Estado. As Ol tentam desvencilhar-se dos limites impostos pelos Estados membros fundadores ou associados.

AS ORGANIZAÇÕES INTERNACIONAIS E SUA ATUAÇÃO NA SOCIEDADE INTERNACIONAL: As Ol regionais pertencem a um espaço físico delimitado, onde a contiguidade geográfica é uma das principais, mas nem sempre a decisiva característica. Ao contrário, as Ol de cunho universal não fazem discriminação de origem, de natureza política ou de localização dos parceiros. As relações entre as organizações regionais e as universais são estabelecidas nos tratados constitutivos. Os compromissos assumidos pelos Estados em âmbito regional não podem ser incompatíveis com os firmados na organização universal. 1. As OI de natureza política podem pretender congregar a totalidade do mundo, como, por exemplo, a Liga das Nações ou a ONU, ou somente parte dele, caso da Organização dos Estados Americanos (OEA). Seu traço fundamental prende- -se ao caráter político diplomático de suas atividades.

EMPRESAS TRANSNACIONAIS (ATOR SECUNDÁRIO) São empresas transnacionais aquelas cujas matrizes estão localizadas no território de um Estado, que lhes concede nacionalidade, possuindo, ao mesmo tempo, filiais em outro(s), ou exercendo um controle acionário sobre empresas cujas atividades desenvolvem-se em vários países." O planejamento das atividades empresariais é concebido de forma centralizada. No entanto, sua execução - por exemplo, gestão, pesquisas e comércio de bens e de serviços - estende-se a múltiplos espaços nacionais. Trata-se, portanto, de um desrespeito à territorialidade dos Estados ou, como preferem alguns autores, sua desterritorialização, criando um campo empresarial divorciado e independente do espaço delimitado pelas linhas de fronteira nacionais.

EMPRESAS TRANSNACIONAIS E SUA ATUAÇÃO NA SOCIEDADE INTERNACIONAL. Sua atuação pode ser manifesta por meio das relações econômicas, em particular as comerciais e financeiras, pela comunhão ou oposição de valores, solidariedade ativa com os integrantes mais frágeis das sociedades nacionais, ação dos partidos políticos e dos movimentos sindicais, por intermédio da atuação de igrejas e seitas e ação dos consumidores, pela transnacionalização do crime e pelo surgimento de uma influente opinião pública internacional.

2.1. CONFLITO E COOPERAÇÃO

Ao longo da existência da ONU, há uma enorme lista de casos de conflitos internacionais que foram decididos ou conduzidos fora do seu âmbito

Durante a guerra fria, o mecanismo do veto fez com que sistematicamente, as questões mais críticas envolvendo a segurança internacional fossem tratadas e conduzidas as margens da entidade

E certo que a promoção da paz constitui o objetivo básico da organização, mas a entidade não se constitui num tribunal arbitral internacional, mas si numa instancia diplomática multilateral.

Do ponto de vista das construções da ordem internacional, uma grande dificuldade reside na relutância dos estados em ceder parte de sua soberania em favor de instancias internacionais porque, inevitavelmente, essa atitude significa abrir, total ou parcialmente, da prerrogativa de transformar em ação política suas visões e percepções acerca do mundo e das coisas. Essa relutância pode ser maior em se tratando das grandes potencias porque, ao admitirem uma instancia internacional, podem estar abrindo mão da possibilidade de usar diretamente o poder de que dispõem promover seus interesses.

No entanto, isso não quer dizer que os estados mais fracos também não vejam com desconfiança o surgimento de entidades internacionais poderosas. Seu receio e   que essas entidades, em determinadas circunstancias, venham a ser utilizadas como grandes potencias até mesmo em seus assuntos internos.

Mais de trinta conflitos armados foram registrados ao longo doas primeiras quatro décadas de existência da ONU casos como a da coreia em 1950, e da guerra dos golfos em 199, em que interversões armadas contaram com a anuência formal do sistema nações unidas, constituíram-se em notáveis exceções.

Na maioria dos conflitos, a participação da ONU, reconhecidamente importante, concentrou-se em esforços diplomáticos de mediação antes ou durante o conflito e em ações no sentido de assegurar condições de paz depois de cessar fogo, incluindo os trabalhos de reconstrução e assistências humanitárias.

Uma vez que intervenções armadas detém a ocorrer somente quando há ameaças reais e presumidas a segurança das grandes potências, é no plano das relações econômicas onde se observa mais claramente a desconfiança das nações mais fracas em relações a organismos internacionais mais forte. Instituições como fundos monetários internacional ou organização mundial do comercio são frequentemente apontadas como potencialmente ameaçadoras as políticas nacionais e aos interesses dos países economicamente mais frágeis.

Henrique IV e seu ministro, o Duque de Sully no início do século XVII dentro de um ambiente político já formado por estados nacionais. - Elaboraram a primeira proposta de formação de uma instância internacional centrada na ideia de um sistema de arbitragem permanente onde os soberanos deveriam resolver suas pendencias sem o recurso de guerra. Cerca de um século depois, em 1712, Abbe de Saint-Pierre, retoma as ideias de Henrique IV numa proposta mais elaborada de um projeto de paz perpetua. A grande preocupação dessas duas propostas era a de demonstrar, de um lado, as vantagens que as principais potencias teriam em aderir ao projeto e, de outro, porque cada uma delas teria seus interesses fundamentais e suas autonomias respeitados.

Rousseau:

> embora admiremos um projeto tão belo, devemos consolar-nos do seu fracasso uma vez que só poderia ser implantado (justamente) com os meios violentos que a humanidade precisa abandonar.

No continente americano, as mesmas dificuldades de conciliar a natureza das organizações internacionais com as aspirações de soberanias também se fizerem presentes numa das iniciativas mais notáveis do processo de independia da região.

2.2. INSTITUIÇÕES INTERNACIONAIS

As instituições internacionais desempenham um papel fundamental na sociedade internacional, facilitando a cooperação entre os países e abordando uma ampla gama de questões globais. Vamos explorar o papel de quatro organizações internacionais-chave:

1. NAÇÕES UNIDAS (ONU):

A ONU é uma das mais importantes organizações

internacionais e foi criada em 1945, após a Segunda Guerra Mundial, com o objetivo de promover a paz e a segurança no mundo. Ela desempenha um papel central na diplomacia, mediação de conflitos, assistência humanitária e desenvolvimento sustentável. A ONU é composta por diversas agências, como a UNESCO, a OMS e o PNUD, cada uma focada em diferentes aspectos do desenvolvimento global.

2. FUNDO MONETÁRIO INTERNACIONAL (FMI):

O FMI foi criado em 1944 e tem como principal objetivo promover a estabilidade econômica e o crescimento sustentável entre seus países membros. Ele oferece empréstimos financeiros e assistência técnica para países enfrentando crises econômicas, buscando evitar colapsos financeiros e instabilidades no sistema monetário internacional.

3. ORGANIZAÇÃO MUNDIAL DO COMÉRCIO (OMC):

A OMC é responsável por supervisionar as regras do comércio internacional e garantir que as relações comerciais entre os países sejam conduzidas de forma justa e equitativa. Ela atua como um fórum para negociações comerciais, resolução de disputas e monitoramento das políticas comerciais nacionais.

4. ORGANIZAÇÃO DO TRATADO DO ATLÂNTICO NORTE (OTAN):

A OTAN é uma aliança militar formada em 1949, composta por países da América do Norte e da Europa.

Seu objetivo é garantir a defesa coletiva de seus membros e promover a segurança regional e global. A OTAN desempenha um papel importante na cooperação militar e na resposta a ameaças à segurança internacional.

Essas instituições internacionais promovem a cooperação entre os países de várias maneiras:

- **Diálogo e Negociações:** Elas fornecem plataformas para que os países discutam questões globais, busquem consenso e negociem soluções para problemas complexos.

- **Mediação de Conflitos:** Muitas organizações, como a ONU, atuam como mediadoras em conflitos internacionais, buscando soluções pacíficas e diplomáticas.

- **Assistência Técnica e Financeira:** Organizações como o FMI oferecem assistência técnica e financeira para ajudar os países a enfrentarem crises econômicas e alcançarem desenvolvimento sustentável.

- **Padronização e Regulação:** A OMC estabelece regras para o comércio internacional, garantindo que os países sigam práticas comerciais justas e equitativas.

- **Desenvolvimento Sustentável:** Através de suas agências especializadas, a ONU trabalha para promover o desenvolvimento sustentável, proteger o meio ambiente e combater a pobreza global.

Embora essas instituições desempenhem papéis importantes na cooperação internacional, também enfrentam desafios e críticas. Alguns argumentam que elas podem ser dominadas por países mais poderosos e que a tomada de decisões pode ser lenta e burocrática.

No entanto, sua existência é essencial para lidar com problemas globais que exigem abordagens coletivas e coordenadas.

Em conclusão, as instituições internacionais têm um papel significativo na sociedade internacional, promovendo a cooperação entre os países, buscando soluções para problemas globais e trabalhando em prol de um mundo mais seguro, justo e sustentável. Seu papel é essencial na busca por um futuro global mais pacífico e próspero.

2.3. DESAFIOS GLOBAIS DA SOCIEDADE INTERNACIONAL

A sociedade internacional enfrenta uma série de desafios globais complexos, que exigem uma abordagem coletiva e colaborativa para serem resolvidos. Nessas abordagens percebe-se a necessidade da aproximação de Estados distintos em prol da solução de situações transnacionais.

Assim trazemos um resumo dos principais desafios e sugestões de como enfrentá-los:

1. **Mudanças climáticas**: As mudanças climáticas representam uma ameaça significativa ao planeta, com impactos ambientais, sociais e econômicos. É necessário adotar medidas para reduzir as emissões de gases de efeito estufa, promover energias renováveis, proteger ecossistemas e desenvolver estratégias de adaptação.

2. **Desigualdades**: A desigualdade econômica e social persistente em muitas partes do mundo é

um desafio fundamental. É necessário promover políticas que reduzam a desigualdade, aumentem o acesso a oportunidades educacionais, melhorem a distribuição de recursos e fortaleçam a inclusão social.

3. Pobreza e fome: Bilhões de pessoas em todo o mundo vivem em condições de pobreza extrema e sofrem com a fome. Para resolver esses desafios, é necessário promover o desenvolvimento sustentável, investir em infraestrutura, melhorar a produtividade agrícola e garantir o acesso equitativo aos recursos básicos.

4. Conflitos e segurança: Os conflitos armados e as ameaças à segurança representam desafios significativos para a sociedade internacional. É necessário promover a diplomacia, a mediação e a resolução pacífica de disputas, fortalecer a cooperação em segurança e promover o desarmamento.

5. Migração: A migração em grande escala, impulsionada por fatores como conflitos, pobreza e mudanças climáticas, requer uma abordagem global. É necessário desenvolver políticas de migração mais justas, promover a proteção dos direitos dos migrantes e buscar soluções duradouras para os deslocamentos forçados.

6. Saúde global: Epidemias, pandemias e doenças transmissíveis continuam a representar desafios para a saúde global. É necessário fortalecer os sistemas de saúde, investir em pesquisa médica, melhorar a prevenção e resposta a emergências de saúde e promover a cooperação internacional para enfrentar essas ameaças.

7. Tecnologia e privacidade: O avanço rápido da tecnologia traz desafios relacionados à privacidade, segurança cibernética e o uso ético da inteligência artificial. É necessário estabelecer regulamentações adequadas, promover padrões internacionais e garantir o acesso equitativo e seguro às tecnologias.

Para resolver esses desafios, é fundamental fortalecer a cooperação internacional, promover a diplomacia multilateral e fortalecer as instituições internacionais. Além disso, é necessário envolver a sociedade civil, o setor privado e os cidadãos em geral, incentivando a conscientização, a participação ativa e o engajamento em questões globais como a má distribuição de alimentos entre outros.

A abordagem para resolver esses desafios deve ser holística e baseada em parcerias, com uma combinação de políticas nacionais e internacionais, investimentos em capacidade, transferência de tecnologia, educação e mudanças de comportamento. A busca por soluções requer a vontade política e o comprometimento de todos os atores para alcançar um futuro sustentável e inclusivo para a sociedade internacional.

2.4. PERSPECTIVAS FUTURAS

Quanto às perspectivas futuras da sociedade internacional, há várias tendências emergentes a serem consideradas:

Em primeiro lugar, o avanço rápido da tecnologia terá um impacto profundo na sociedade internacional. A crescente digitalização e conectividade global permitirão uma maior interconexão entre atores e facilitará a troca de informações e a realização de operações internacionais. Além disso, o uso de inteligência artificial e tecnologias disruptivas como blockchain e impressão 3D também afetará diferentes setores, como comércio, segurança e saúde. No entanto, o avanço tecnológico também apresenta desafios, como a segurança cibernética e a privacidade dos dados.

Em segundo lugar, as mudanças nas relações de poder estão redefinindo a dinâmica da sociedade internacional. O declínio relativo do poder dos Estados Unidos e o surgimento de novas potências, como a China, estão alterando a distribuição global de poder. Isso pode levar a realinhamentos geopolíticos e econômicos, assim como a uma maior competição e rivalidade entre os Estados.

Por fim, as transformações socioeconômicas globais também terão um impacto significativo na sociedade internacional. Mudanças demográficas, como o envelhecimento da população e a migração em massa, terão implicações para a economia, as políticas de migração e a cooperação internacional. Além disso, questões como desigualdade, pobreza, segurança alimentar e mudanças climáticas são desafios globais que exigem uma ação conjunta e coordenação dos atores internacionais.

Em resumo, a sociedade internacional é um sistema complexo de interações entre atores no contexto global. As perspectivas futuras da sociedade internacional serão moldadas por tendências emergentes, como o avanço da tecnologia, as mudanças nas relações de poder e as transformações socioeconômicas globais. É necessário um entendimento e uma cooperação entre os atores para enfrentar os desafios e aproveitar as oportunidades que essas mudanças trazem.

3. CONSIDERAÇÕES FINAIS

Ao longo deste estudo em formato de artigo falamos sobre a sociedade internacional e pudemos explorar diversas temáticas, incluindo pontos relevantes que moldam as relações entre nações e os desafios enfrentados em escala global. Nesta seção de considerações finais, destacaremos os principais insights obtidos a partir das discussões abordadas e as perspectivas futuras para a sociedade internacional.

1. Interdependência Global e Defesa Compartilhados

A globalização nos mostrou que vivemos em um mundo interconectado, onde as ações em uma parte do planeta têm impacto direto em outras regiões. Desafios como as mudanças climáticas, pandemias, migração em massa e a desigualdade socioeconômica são questões que transcendem fronteiras nacionais e exigem soluções cooperativas e coordenadas.

2. Papel das Instituições Internacionais:

As instituições internacionais, como a ONU, o FMI, a OMC e a OTAN, desempenham um papel fundamental na promoção da cooperação e na resolução de problemas globais. Elas fornecem plataformas para o diálogo, a mediação de conflitos e a negociação de acordos. Além disso, essas organizações trabalham para alcançar objetivos comuns, como a proteção dos direitos humanos, o desenvolvimento sustentável e a estabilidade econômica.

3. Desafios Emergentes:

À medida que a sociedade internacional avança, novos desafios surgem. O avanço da tecnologia, as mudanças nas relações de poder e as transformações socioeconômicas globais apresentam complexidades adicionais para a cooperação global. A ética na era digital, a governança da inteligência artificial e a cibersegurança são algumas das questões emergentes que requerem atenção cuidadosa e regulamentações adequadas.

4. Cooperação e Diplomacia:

Diante dos desafios globais, a cooperação e a diplomacia são essenciais. A busca por soluções sustentáveis exige o engajamento e a responsabilidade compartilhada de todos os atores da sociedade internacional, incluindo governos, organizações internacionais, sociedade civil e setor privado. Através do diálogo, da troca de informações e da colaboração, é possível superar diferenças e trabalhar em conjunto para um mundo mais pacífico e próspero.

5. Desenvolvimento Sustentável e Responsabilidade global:

A promoção do desenvolvimento sustentável é um objetivo crucial para a sociedade internacional. A necessidade de equilibrar o crescimento econômico, a proteção ambiental e a justiça social é uma prioridade para garantir um futuro viável para as próximas gerações. A responsabilidade global implica na adoção de práticas sustentáveis em todas as esferas da vida, visando a preservação do meio ambiente e a melhoria da qualidade de vida para todos os habitantes do planeta.

6. Participação Ativa dos Cidadãos Globais:

Cada indivíduo, independentemente de sua nacionalidade, tem um papel relevante na sociedade internacional. A conscientização, a educação e a participação ativa dos cidadãos são essenciais para influenciar políticas públicas, pressionar por mudanças positivas e fortalecer a governança global. Através de ações individuais e coletivas, podemos ser agentes de transformação e promover uma sociedade internacional mais justa e inclusiva.

Em conclusão, a sociedade internacional é um complexo ecossistema de interações, desafios e oportunidades. É um cenário em constante evolução, onde a colaboração e o entendimento mútuo são cruciais para abordar problemas globais de forma eficaz. Nossa responsabilidade, como cidadãos globais, é trabalhar em conjunto para enfrentar os desafios emergentes, promover a cooperação internacional e construir um futuro mais sustentável e harmonioso para toda a humanidade. Que possamos aprender com o passado, agir no presente e olhar para o futuro com esperança e determinação.

4. REFERÊNCIAS

ADLER, Emanuel. O Construtivismo no Estudo das Relações Internacionais. IN: Lua Nova. Revista de Cultura e Política. Número 47. São Paulo, CEDEC, 19909.

BULL, H. 2002. The Anarchical Society New York: Columbia University.

CAPARROZ, Roberto. Direito Internacional Público. Sao Paulo: Saraiva, 2012.

CASELLA, P. ACCIOLY, H. SILVA, G.E. N. Manual de Direito Internacional Público. 202 Edição. São Paulo: Saraiva, 2012.

ROUSSEAU, Jean-Jacques. O Contrato Social. Tradução de Lourdes Santos Machado. São Paulo: Martin Claret, 2005.

SEVERINO, J. A. Metodologia do Trabalho Científico. 23. ed. São Paulo: Cortez, 2015.

SMITH, John A. O Papel das Instituições Globais na Resolução de Conflitos. Revista de Estudos Internacionais, São Paulo, v. 15, n. 2, p. 78-95, jun. 2023.

NOGUEIRA, Joao Pontes; MESSARI, Nizar. Teoria das relagdes internacionais: correntes e debates. Rio de Janeiro: Elsevier, 2005.

AS FONTES DO DIREITO INTERNACIONAL E SUA CONTRIBUIÇÃO NAS RELAÇÕES ENTRE OS PAÍSES SOBERANOS DA ATUALIDADE

Sarah da Silva Rodrigues (organizadora)
Ana Clara Moreira de Lemos
Diosmar da silva dos santos Junior
Graziella Beatriz Souza de Carvalho
Juliana de Araújo Ferreira

RESUMO

O presente artigo virá a tratar sobre as fontes do direito internacional, mais especificamente sobre as fontes primárias/estatuárias, previstas no art. 38 do Estatuto da Corte Internacional de Justiça, e como tais fontes foram essenciais para promover o vínculo entre os países e territórios obtendo uma solução pacífica para eventuais conflitos entre normas, sem afetar sua soberania, o que é de suma relevância no cenário atual.

1. INTRODUÇÃO

O Direito Internacional é o ramo jurídico

responsável por estudar e agrupar todas as normas criadas por uma sociedade, através de seus representantes, cuja finalidade seja auxiliar e melhorar as relações externas e a boa convivência entre os países. Sob essa perspectiva, o direito internacional possui áreas de atuações em diferentes âmbitos: o público e o privado. O primeiro consiste em estabelecer um conjunto de normas jurídicas que regulamentam as interações e negociações entre Estados, respeitando, sempre, a soberania, os indivíduos e características de cada um deles. Já o segundo condiz com o objetivo de criar, compilar e indicar quais as leis competentes para situações que envolvam sujeitos particulares (naturais ou jurídicos) de diferentes países.

Além disso, da mesma forma que ocorre com outros ramos jurídicos, o Direito Internacional possui suas fontes, ou seja, instrumentos que servem de fundamento para toda sua interpretação e aplicação.

2. FONTES DO DIREITO INTERNACIONAL

Em 1907, foi criada a Corte de Justiça Centro Americana, de curta duração, que acabou sendo extinta pelos abusos cometidos. O Tratado de Versalhes de 1919, ao elaborar o Pacto da SDN, estabeleceu o Projeto de tribunal permanente de justiça internacional. A Corte Permanente de Justiça Internacional foi instalada em 05/02/1922, mas só começou a funcionar em 15/06/1922, em Haia e, com a ocupação da Holanda pelos nazistas, foi para Genébra. Encerrou suas atividades em 1940, tendo proferido 32 sentenças e respondido a 27 consultas. Na Conferência de

São Francisco se determinou que a CIJ teria Estatuto próprio como o principal órgão judiciário da ONU. Na realidade, houve uma clara sucessão (embora não objetivamente direta), porque muitos juízes da CIJ já vinham da CPJI.

A Corte Internacional de Justiça - CIJ, com sede em Haia (Holanda), é o principal órgão judiciário da ONU, obedecendo seu funcionamento ao que estipula seu Estatuto - ECIJ, que é parte integrante da Carta da ONU. Todos os membros das Nações Unidas são parte do ECIJ. Estados não-membros das Nações Unidas podem tornar-se partes do ECIJ, obedecendo às condições estipuladas para cada caso pela Assembléia Geral - AG, à recomendação do Conselho de Segurança - CS. Todos os países que fazem parte do ECIJ podem recorrer a ela sobre qualquer caso. Outros Estados poderão fazê-lo sob certas condições estipuladas pelo CS, que pode encaminhar à CIJ qualquer controvérsia jurídica. A competência da CIJ se estende a todas as questões a ela submetidas pelos Estados e a todos os assuntos previstos na Carta da ONU e nos tratados e convenções em vigor. Os Estados podem comprometer-se antecipadamente a aceitar a jurisdição da CIJ em determinados casos, seja por meio de tratados ou convenções que estipulem o recurso à CIJ ou por meio de uma declaração especial nesse sentido. Tais declarações aceitando a jurisdição compulsória da CIJ podem, contudo, excluir determinados tipos de questões.

Com a criação da corte internacional veio a criação de seu estatuto e com ele originou-se o art 38, responsável por deter as principais fontes do direito internacional. Eis a redação do art. 38 do Estatuto da CIJ: "1. A Corte, cuja função seja decidir conforme o direito internacional as controvérsias que sejam submetidas, deverão aplicar: 2. As convenções internacionais, sejam gerais ou particulares, que estabeleçam regras expressamente reconhecidas pelos Estados litigantes; 3. O costume internacional como prova de uma prática geralmente aceita como direito; 4. Os princípios gerais do direito reconhecidos pelas nações civilizadas; 5. As decisões judiciais e as doutrinas dos publicitários de maior competência das diversas nações, como meio auxiliar (...) 6. A presente disposição não restringe a faculdade da Corte para decidir um litígio ex aequo et bono, se convier às partes". Infere-se, de sua leitura, que se trata de um rol exemplificativo, não é cerrado e nem fechado, haja vista que há outras fontes. E, em regra, não há hierarquia, ou seja, o art. 38 não traz uma ordem sucessória ou hierárquica. Dessa forma, um costume internacional pode derrogar tratado, bem como tratado pode derrogar costume.

3.   FONTES EM ESPECIE:

3.1. CONVENÇÕES OU TRATADOS INTERNACIONAIS:

A principal e mais concreta fonte, com forte carga de segurança jurídica. Sem denominação específica, eis a razão de poderem ser denominadas como tratados, convenções, acordos, pactos etc. São elaborados de forma democrática, com a participação de todos os Estados, disciplinam matérias variadas e dão maior segurança, pois exigem a forma escrita.

Como bem esclarece Mazzuoli, em seu livro

Curso de Direito Internacional Público, "são os tratados internacionais, enfim, o meio que têm os Estados e as organizações intergovernamentais de, a um só tempo, acomodar seus interesses contrastantes e cooperar entre si para a satisfação de suas necessidades comuns."

Analisando a definição apontada pela Convenção de Viena Sobre o Direito dos Tratados, é possível perceber a existência de cinco elementos essenciais que formam o tratado, são eles:

- Internacional: devem declarar tudo que os negociadores concordaram livremente e ter a finalidade de formar vínculo jurídico entre as partes, ou seja, produzem efeitos jurídicos em caso de eventual descumprimento.

- Escrito: acordo necessariamente formal, o que significa a obrigatoriedade da sua escritura.

- Concluído entre Estados ou organizações internacionais: pessoas com capacidade para assumir direitos e obrigações internacionais.

- Regulamentado pelo Direito Internacional: para ter validade, os tratados internacionais devem operar dentro do Direito Internacional Público, podendo, assim, ser executado internacionalmente.

Formalizado por meio de único instrumento ou em dois ou mais instrumentos correlatos.

3.1.1 Tipos de tratados internacionais:

- Tratado: uma parte dos doutrinadores considera que tratado não é apenas utilizado de forma genérica. Para essa parcela da doutrina, tratados são atos internacionais de caráter solene e que tratam de assuntos com maior relevância política.

- Convenção: expressão que denota um tratado solene e multilateral, no qual a vontade das partes é igual e paralela. Essa expressão é utilizada para designar atos internacionais provenientes de congressos e conferências internacionais que criam normas gerais de Direito Internacional Público e demonstram a vontade idêntica das partes, como por exemplo, a Convenção de Genebra sobre Direito Humanitário e Convenção de Viena sobre Relações Diplomáticas e Consulares, dentre outras.

- Acordo: ato internacional que designa tratados de cunho financeiro, econômico, comercial ou cultural, que possui um número menor de participantes e que trata de assuntos que possuem menor relevância política. Ademais, em vários casos essa expressão também pode ser utilizada como sinônimo de tratado.

- Acordo por Troca de Notas: via de regra, é o ato internacional que trata de questões de natureza administrativa e de alteração ou interpretação de cláusulas de tratados concluídos. É composto por uma nota diplomática daquele que propõe e por uma nota de resposta, ou seja, existe mais de um instrumento.

- Carta: é a espécie de tratado que dá origem às organizações internacionais. É o instrumento que define o objetivo, os órgãos e o modo de funcionamento das organizações internacionais, como a Carta das Nações Unidas (Carta da ONU), podendo ser utilizado também para identificar documentos que definem direitos e deveres dos indivíduos, como é o caso da Carta Social Europeia.

- Pacto: atualmente é o termo utilizado para designar o objeto político de um tratado e também pode ser usado como sinônimo de tratado, como é o caso do Pacto Internacional dos Direitos Civis e Políticos e o Pacto Internacional dos Direitos Econômicos, Sociais e Culturais, conhecidos como Pactos de Nova York.

- Protocolo: é a expressão que dá nome aos resultados de uma conferência diplomática ou de acordos com menos formalidades, além de designar acordos realizados de forma secundária ou que possuem ligação com outro acordo anterior. Tem-se como exemplo o Protocolo de Ouro Preto e o Protocolo de Paris. Aqui é preciso destacar que a expressão "protocolo" não pode ser confundida com o termo "protocolo de intenções", a qual refere-se a um documento que inicia um compromisso internacional, ou seja, é um précompromisso, que deixa estabelecida a possibilidade de um acerto futuro.

- Declaração: termo utilizado para dar nome a documentos que estabelecem regras ou princípios ou que asseguram a posição convergente de Estados sobre determinados fatos, como é o caso da Declaração Universal dos Direitos Humanos de 1948, da Declaração de Haia, da Declaração do México e várias outras.

3.1.2 Necessidade dos tratados:

Os tratados internacionais são atos extremamente necessários, porque se revestem de obrigatoriedade. E qual é o significado disso? Significa que os tratados são documentos que vinculam as partes e geram efeitos jurídicos, sendo assim, obrigam suas partes a cumprir o que foi estabelecido. É preciso esclarecer que, uma vez em vigor, o tratado vincula suas partes tanto no âmbito internacional, quanto no ordenamento interno de cada Estado.

A importância dos tratados é tamanha que eles criam, modificam ou extinguem direitos e obrigações, sendo que a maioria das normas de Direito Internacional hoje em dia está consagrada nos textos desses atos internacionais, oferecendo, dessa forma, maior clareza e segurança às relações internacionais.

3.1.3. Como são feitos os tratados internacionais e quem deve assiná-los:

Como se sabe, os tratados são acordos dotados de formalidade celebrados pelos Estados ou por Organizações Internacionais. Sendo assim, a validade de um tratado depende de uma estrutura mínima, formada pelas partes a seguir:

- Título: mostra o assunto ou a matéria de que trata o tratado.

- Preâmbulo/Exórdio: indica os contratantes e os motivos pelos quais o acordo foi negociado. Ressalta-se que o preâmbulo não tem caráter obrigatório, sendo apenas um elemento de interpretação do acordo.

- Articulado/Dispositivo: parte principal do ato internacional. Ele é formado por uma sucessão de artigos numerados, que determinam as cláusulas do acordo, ou seja, sua linguagem jurídica.

- Fecho: indica o local e a data da formalização do acordo, seu idioma e número de exemplares originais.

- Assinatura

- Selo de lacre: é a aplicação das armas das partes contratante, fechando o compromisso.

- Anexo/Apêndice: explicação posterior ao texto ou complemento que se faça necessário.

Assim como a estrutura de um tratado é de suma importância, a assinatura de um tratado internacional também é etapa essencial do seu processo de elaboração. É por meio desse ato que os negociadores, após concordância sobre os termos do acordo, dão por encerradas as negociações, demonstrando sua aceitação ao conteúdo do ato internacional.

Vale dizer também que é através da assinatura que as partes do ato internacional acabam adotando e autenticando o texto do acordo, o qual, enfim, poderá ser encaminhado às etapas subsequentes de sua formação.

Sendo assim, pode-se dizer que a assinatura é somente um consentimento preliminar, não vinculando suas partes aos seus termos, o que acontecerá apenas com a ratificação, que é a aceitação definitiva.

No Brasil, as autoridades que possuem competência para assinar um tratado em nome do Estado são:

– Chefe de Estado;

– Chefe de Governo;

– Ministro das Relações Exteriores;

– Embaixador;

– Chefe de Missão Diplomática;

– Chefe de Delegação enviada a reunião internacional;

– Qualquer pessoa que possua Carta de Plenos Poderes expedida pelo Presidente da República.

Quando organizações internacionais celebrarem tratados, os agentes que podem fazer a assinatura em nome da organização precisam estar estabelecidos nos respectivos atos constitutivos.

3.2.   COSTUME INTERNACIONAL:

O Costume Internacional encontra definição no art. 38 (1) (b) do Estatuto da Corte de Haia, trata-se de uma espécie de norma formada pela reiterada prática dos sujeitos do Direito Internacional, consiste, portanto, numa "prática geral aceita como sendo o direito".

Salutar destacar, todavia, que a tendência moderna é a da codificação dos Costumes Internacionais, de forma que os Tratados obtenham um crescimento maior, enquanto os Costumes Internacionais cursem para um gradiente decréscimo. Nessa linha, para que um determinado comportamento omissivo ou comissivo configure costume internacional, fonte em sentido técnico, deve cumular dois elementos, quais sejam: 1 – o material ou objetivo ("prova de uma prática geral"); e 2 – o psicológico, subjetivo ou espiritual ("aceita como sendo o direito"), a "opinio juris".

A definição acima nos conduz aos Elementos Materiais. Embora se tenha que o ato seja positivo (chancelas, promulgações, ratificações), é admissível que o ato possua natureza negativa, tal como uma abstenção, omissão ou um nãofazer. As questões básicas, segundo o professor Hee Moon Jo (p. 127), "referem-se a saber quem pratica, como pratica, por quanto tempo deve ser repetido e quanto sujeitos devem aceitar essas práticas".

Quem e como pratica: sem rodeios, os que possuem capacidade de provocar efeito legal na ordem do Direito Internacional. Por ser o principal sujeito do Direito Internacional e dada a sua maior importância, destacam-se os atos praticados pelos Estados, seguidos dos atos praticados pelas Organizações Internacionais, o que não significa a exclusão, por exemplo, dos atos praticados por Organizações Não-Governamentais ou Cruz Vermelha. Poderíamos dizer, a grosso modo, que o Estado alicerça o Costume Internacional, enquanto as Organizações Internacionais os consolida derradeiramente na esfera internacional, vez que seus atos são as principais fontes de precedente da formação do costume internacional. A prática de tais atos dá-se, principalmente, pela jurisprudência das cortes e arbitragens internacionais e as atividades não judiciárias das organizações internacionais.

Quanto tempo: para a solidificação do Costume Internacional, necessário a sua repetição por lapso temporal e espacial hábil a fazê-lo efetivo. Assim, a repetição da prática tem de ser uniforme e continuada. Contudo, não uma certeza de quantas vezes e até quando deve o ato ser repetido, cabendo às Cortes Internacionais manifestarem-se sobre a questão.

Quantos sujeitos devem aceitar essas práticas: de igual forma à questão temporal, não há uma certeza na questão espacial, ou seja, não há uma norma internacional que imponha o número mínimo de sujeitos que devam aceitar as uniformes e contínuas práticas para que tais consolidem-se como um Costume Internacional. cabe também às Cortes Internacionais dizer sobre o assunto, talvez reunindo as opiniões dos diversos países sobre a prática que se pretende elevar a Costume Internacional, retirando-a, às vezes, de uma regionalização, para uma universal internacionalização.

O Elemento Subjetivo também é denominado de Elemento Psicológico, cujo nome técnico consistem em "Opinio Juris" ou "Opinio Necessitatis". O professor José Francisco Rezek (p. 115) salienta que "o elemento material não seria bastante para dar ensejo à norma costumeira. É necessário, para tanto, que a prática seja determinada pela "opinio juris", vale dizer, pelo entendimento, pela convicção de que assim se procede por necessário, correto, justo, e, pois, de bom direito."

Exemplificando, antigamente consistia em uma cortesia internacional dar imunidade do imposto aduaneiro sobre os bens dos diplomatas. Mas isto não era uma obrigação. Entretanto, sua prática reiterada fez com que isto se tornasse um Costume Internacional, sendo posteriormente codificado pelos artigos 36 e 37 da Convenção de Viena sobre Relações Diplomáticas de 1961.

Exemplificando, antigamente consistia em uma cortesia internacional dar imunidade do imposto aduaneiro sobre os bens dos diplomatas. Mas isto não era uma obrigação. Entretanto, sua prática reiterada fez com que isto se tornasse um Costume Internacional, sendo posteriormente codificado pelos artigos 36 e 37 da Convenção de Viena sobre Relações Diplomáticas de

1961.

Num rápido vislumbrar, percebe-se que, se a prática de um ato é motivo de protesto por demais Estados, a prática de tais atos não podem ser levadas em consideração para a firmação de um Direito Consuetudinário, pois não se comprova o parcimonioso consenso jurídico sobre a questão.

Salutar, neste sentido, a lição do professor Hee Moon Jo (p. 133), de que "na prática, o mais importante e difícil seria provar o elemento psicológico (opinio juris) para provar, enfim, o costume internacional alegado. Em geral, com relação ao ônus da prova [...] aposição dominante é a de que quem o nega assume o ônus da prova".

3.1.1. Prova de costume internacional:

O professor Rezek (p. 117), ressaltando decisão da Corte Internacional de Justiça acerca do caso do Asilo Político, afirma que "a parte que alega em seu prol certa regra costumeira deve provar sua existência e sua opinibilidade à parte adversa".

Os Costume Internacionais encontram prova nos atos estatais, nos textos legais e nas decisões judiciárias acerca de temas relacionados ao "jus cogens". No plano internacional, busca-se a prova do Costume Internacional na jurisprudência internacional ou nos tratados.

3.1.2 Hierarquia entre costumes e tratados:

Mais uma vez o professor Rezek nos ensina que não há uma hierarquia entre as normas consuetudinárias e as positivadas, uma e outra se derrogam. Inegável que, uma vez visto os elementos materiais e subjetivos dos Costumes Internacionais, que os Tratados, essência do direito posto na ordem internacional, possuem uma maior segurança jurídica dada a sua clareza e certeza. Entretanto, O'Connell, por exemplo, entende que os costumes consistem na principal, quando não única fonte verdadeira do "jus cogens".

Se bem observamos a lição do nosso grande jurista pátrio, Miguel Reale, perceberemos que a sua Teoria Tridimensional do Direito, se aplica corretamente a relação entre Tratado e Costume Internacional, para demonstrar que estes, enquanto fato, recebem uma valoração, que por si só basta para a vigência na ordem internacional, mas que dada a sua grande importância podem ser positivados através de Tratados, tornando-se normas a serem aplicadas com menor restrição, tendo em vista que a sociedade jurídica moderna pende para a positivação dos textos internacionais.

Assim, não é difícil conceber que todo Tratado, e principalmente as jurisprudências internacionais, foram (quase indiscutivelmente) um Costume Internacional generalizado, que eram nada mais nada menos que um Fato, que recebeu um Valor pelos sujeitos internacionais, e transformou-se numa Norma.

3.3. PRINCIPIOS GERAIS DO DIREITO INTERNACIONAL:

Princípios segundo Sundfeld (1995, p.18) são as "ideias centrais de um sistema, ao qual dão sentido lógico, harmonioso, racional, permitindo a compreensão de seu modo de se organizar", com esse conceito vemos que o papel dos princípios é a orientação do conteúdo de leis e normas, e os princípios gerais do direito internacional não são diferentes disso, pois como vimos anteriormente eles fazem parte das fontes do direito internacional, ou seja ajudam na criação das leis internacionais.

Os princípios do direito internacional, junto com as demais fontes do direto internacional foram estabelecidas no Estatuto da Corte internacional de justiça, em seu artigo 38, que tem a seguinte redação:

Artigo 38.º

1 - O Tribunal, cuja função é decidir em conformidade com o direito internacional as controvérsias que lhe forem submetidas, aplicará:

a) As convenções internacionais, quer gerais, quer especiais, que estabeleçam regras expressamente reconhecidas pelos Estados

litigantes;

b) O costume internacional como prova de uma prática geral aceite como direito;

c) Os princípios gerais de direito reconhecidos pelas nações civilizadas;

d) Com ressalva das disposições do artigo 59 as decisões judiciais e a doutrina dos publicistas mais qualificados das diferentes nações como meio auxiliar para a determinação das regras de direito.

Ao falar dos princípios gerais do direito internacional o art. 38 utiliza a expressão nações civilizadas, essa expressão causou criticas por que foi acusada de segundo Mazzuoli (2004) revelar uma potencial discriminação dos então redatores do estatuto da CIJ, em relação aos Estados não pertencentes ao eixo Europeu". Mas conforme Rezek (1996, p.137)

> O uso do termo nações civilizadas não teve substrato discriminatório ou preconceituoso, tal como ficou desde logo esclarecido. A ideia é a de que onde existe ordem jurídica-da qual se possam depreender princípios -, existe civilização. Dessarte, quedem excluídas a penas as sociedades primitivas – que, de todo modo, porque não organizadas sob a forma estatal, não teriam como oferecer qualquer subsídio.

3.3.1 Classificação dos princípios gerais:

Os princípios gerais principais do direito internacional em que se refere o art. 38 são:

• Igualdade soberana: Esse princípio presume que todos os Estados são iguais em face da lei. "Ele certifica o respeito entre os países, seja qual for seu porte, cultura, números de habitantes ou regime de governo". (VARELLA, 2012 p.26)

• Autonomia: Princípio que estabelece que o Estado tenha autonomia para se governar de acordo com seu próprio interesse.

• Não ingerência nos assuntos dos outros Estados: Princípio estritamente ligado com o princípio da Autonomia, neste princípio é estabelecido a não intervenção de um Estado em outro.

• Respeito aos direitos humanos: Princípio que significa que todos os estados devem proteger os direitos humanos. Esse princípio tem grande importância pois é um pressuposto do direito internacional para o reconhecimento de Estados.

• Cooperação internacional: Esse princípio estabelece que os Estados devem atuar concomitantes na busca de propósitos comuns.

3.4. DOUTRINA E JURISPRUDÊNCIA INTERNACIONAL:

A doutrina e a jurisprudência não se enquadram como fontes imediatas de direito internacional, sendo considerados meios auxiliares para determinação de regras de direito. Não possuem caráter obrigatório ou vinculante no âmbito internacional. Sua função é a revelação das fontes de direito internacional, especialmente dos costumes. Sendo assim, ambas servem não para produzir regras, mas para interpreta-las. Os escritores Lord Radcliffe e Cappelleti defendem que a atividade judicial de interpretação de leis proporciona uma atividade de criação ou de renovação do conteúdo normativo.

partindo para a atuação da equidade, de forma isolada, essa é considerada uma regra de aplicação de princípios de justiça aos casos concretos. É uma forma de resolução dos litígios, para atenuar os excessos do formalismo jurídico. A equidade é prevista pelo legislador como critério utilizado pelo magistrado para execução de uma lei. Essa previsão também se justifica pela própria sociedade, em que a velocidade das mudanças supera a das leis. Logo, os legisladores incorporam a equidade à própria lei, para garantir que sua aplicabilidade se adapte as mudanças na sociedade.

Por isso, a equidade é importante para a obtenção da justiça em seu grau mais satisfatório; senão, a lei, sendo estática, teria necessidade frequente de mudanças em sua constituição, para cada caso novo que surgisse na vida social. Essa inviabilidade nos permite concluir também que a rigidez de uma lei torna mais propensa à execuções injustas, culminando no colapso da própria noção do Direito e Justiça.

O fato de os legisladores permitirem o uso da equidade para execução de uma lei, não significa que quem a aplica tem o direito de fazer de modo irrestrito, inserindo sua pessoalidade como critério, de modo que a aplicação fuja à ideia da própria lei. É importante deixar claro que especificidade não deve ser confundida com pessoalidade. Ao utilizar a equidade, o aplicador não deve se esquecer da impessoalidade conferida à execução de uma lei. Cada caso específico em que a norma não consiga alcançar com plenitude, usa-se a equidade como uma interpretação privada desta lei pelo executor, mas que não fuja à coerência da própria norma contida para base desta interpretação.

4. NOVAS FONTES DO DIREITO INTERNACIONAL:

Com exceção da equidade, as novas fontes do Direito das Gentes (ou Internacional) não estão previstas no rol art. 38 do Estatuto da CIJ.

4.1. EQUIDADE E ANALOGIA:

São soluções eficientes para enfrentar o problema da falta de norma. Podem ser colocadas como formas de complementação do sistema jurídico.

- Equidade: partindo para a atuação da equidade, de forma isolada, essa é considerada uma regra de aplicação de princípios de justiça aos casos concretos. É uma forma de resolução dos litígios, para atenuar os excessos do formalismo jurídico. A equidade é prevista pelo legislador como critério utilizado pelo magistrado para execução de uma lei. Essa previsão também se justifica pela própria sociedade, em que a velocidade das mudanças supera a das leis. Logo, os legisladores incorporam a equidade à própria lei, para garantir que sua aplicabilidade se adapte as mudanças na sociedade.

Por isso, a equidade é importante para a obtenção da justiça em seu grau mais satisfatório; senão, a lei, sendo estática, teria necessidade frequente de mudanças em sua constituição, para cada caso novo que surgisse na vida social. Essa inviabilidade nos permite concluir também que a rigidez de uma lei torna mais propensa à execuções injustas, culminando no colapso da própria noção do Direito e Justiça.

O fato dos legisladores permitirem o uso da equidade para execução de uma lei, não significa que quem a aplica tem o direito de fazer de modo irrestrito, inserindo sua pessoalidade como critério, de modo que a aplicação fuja à ideia da própria lei. É importante deixar claro que especificidade não deve ser confundida com pessoalidade. Ao utilizar a equidade, o aplicador não deve se esquecer da impessoalidade conferida à execução de uma lei. Cada caso específico em que a norma não consiga alcançar com plenitude, usa-se a equidade como uma interpretação privada desta lei pelo executor, mas que não fuja à coerência da própria norma contida para base desta interpretação.

- Analogia: Já o conceito de analogia consiste na comparação de casos com aspectos similares com o objetivo de obter a mesma resposta. De forma simples, é a aplicação de uma interpretação jurídica previamente utilizada, em uma hipótese semelhante que não conte com uma disposição legal para sua regulação.

4.2.   ATOS UNILATERAIS DO ESTADO:

Entende-se por ato unilateral aquele manifestado por sujeito de direito internacional público (estado ou organização internacional) que se apresenta suficiente para a produção de efeitos jurídicos. É consenso entre os juristas que o ato unilateral origina-se de uma das mais importantes e antigas fontes de Direito Internacional Público, o costume, sendo este, ao contrário do ato unilateral previsto no artigo 38 do Estatuto da Corte Internacional de Justiça, parâmetro ainda hoje para a determinação de que institutos são capazes de produzir nova orientação dentro da matéria.

Manifestações de um único sujeito à luz do direito, o entendimento é que os atos unilaterais, apesar de sua particularidade, produzem efeitos *"erga omnes"* (ou seja, para todos) entre aqueles componentes da Comunidade de Estados.

Tal instrumento é considerado válido quando respeita determinadas condições, como por exemplo:

• ser originário de sujeito de direito internacional, como já mencionado;

• ter seu conteúdo admissível aos procedimentos comuns às relações jurídicas internacionais, ou em outras palavras, respeitar as diretrizes estabelecidas por tal disciplina;

• deve o ato unilateral também ser manifestado por meio de vontade real e sem vícios;

• e ainda, tal manifestação de vontade deve ter como objetivo a criação de uma regra de direito.

Além das condições, os atos unilaterais assumem formatos particulares, como:

• o silêncio (a recusa ou inércia em pronunciar-se, assimilado a uma aceitação);

• o protesto, modo mais eficaz de se evitar a constituição de uma regra costumeira;

• a notificação, onde um sujeito de direito internacional público dá a outro ou outros o conhecimento de um fato determinado que possa produzir efeitos jurídicos em potencial;

• a promessa, que consiste no compromisso assumido pelo sujeito de direito internacional público de manifestar determinado ato futuramente;

• renúncia, que consiste no abandono de certo direito pelo ente de direito internacional público;

• a denúncia, que é o modo mais usual de desvinculação de um certo tratado, definido como ato unilateral caso tal ato não esteja previsto em seu texto;

• e por fim, o reconhecimento, ato por meio do qual o sujeito de direito internacional aceita determinada situação de fato ou de direito, e eventualmente, acena para uma futura consideração à legitimidade do gesto. É o tipo de ato comum para se atestar a independência de novos países independentes.

Os atos unilaterais, bem como as decisões dos organismos internacionais são às vezes considerados fontes complementares às principais elencadas no já citado artigo 38 da Corte Internacional de Justiça, mas, alguns estudiosos também sustentam que tais institutos não podem ser consideradas fontes de tal matéria, incapazes de gerar nova orientação. Mas, cada vez mais, a prática das relações internacionais parece apontar para o alargamento do rol das consideradas fontes do direito internacional público, passando a incluir em seu conjunto mais este componente jurídico.

5. DECISÕES DAS ORGANIZAÇÕES INTERNACIONAIS (OI):

As organizações internacionais nasceram para serem palco internacional de diálogo e construção de tratados multilaterais, onde interesses políticos podem ser transpostos e refrescados pela vontade de um maior número de sujeitos, onde o direito internacional é planejado, discutido e produzido. Conceituando de forma prática, as Organizações Internacionais são associações voluntárias de Estados Soberanos, firmadas por um tratado internacional, que lhes garante personalidade jurídica autônoma, caráter estável, e que visam um propósito comum, através da cooperação internacional.

Observa-se, atualmente, uma grande disseminação das Organizações Internacionais, devido ao fato dos Estados se encontrarem impossibilitados, por razões estruturais e políticas, de realizar seus objetivos em um quadro determinado.

Primeiramente, ao tratarmos destas organizações, se faz necessário defini-las. No entanto, por não se ter um conceito preciso de tais pessoas classificaremos seus elementos constitutivos, para então, formulá-los.

Um primeiro aspecto é a associação voluntária de sujeitos de Direito Internacional, esses não são obrigados a comporem as organizações internacionais, ou seja, as organizações internacionais surgem a partir de atos de vontade, não podendo haver uma afirmação impositiva. Em regra, essa associação é formada apenas por Estados, mas já se admite que esta seja constituída por outras Organizações Internacionais. Como exemplo, podemos citar o caso da OMC (Organização Mundial de Comércio), criada pelo Protocolo de Marrakesh em 1994, que teve como uma das partes signatárias a União Europeia.

Deve ser instituída por ato internacional, que é denominado tratado ou convenção. Este ato não possui prazo de validade e será interpretado pela organização internacional, sendo sua execução feita por diversos outros atos, tendo tal instrumento jurídico primazia sobre os tratados. Importante lembrar que os atos internacionais possuem importância superior à de uma Constituição para os Estados, já que as organizações jamais poderão subsistir sem um tratado que as constitua. Teoricamente, um Estado pode existir mesmo sem uma Constituição.

Em terceiro plano, as organizações internacionais devem possuir um ordenamento jurídico próprio capaz de regular o funcionamento de seus órgãos.

Segundo o parecer da Corte Internacional de Justiça (CIJ), de 1949, se tomou indispensável que a organização tenha personalidade internacional. Esta, seguindo o princípio da efetividade só passa a vigorar no momento em que a organização, efetivamente, entra em funcionamento.

As organizações devem constituir-se de órgãos próprios, geralmente divididos em três funções: um órgão executivo denominado Conselho; um órgão que congrega todos os Estados chamado de Assembleia; e, por fim, um órgão encarregado da parte administrativa, o Secretariado.

Ao lado deste contexto, devem ter existência de poderes próprios, fixados pelos tratados que instituíram tal organização.

Finalizando, devem consagrar sede própria, sendo está estabelecida através de um acordo entre a organização internacional e o Estado soberano, que facilite a instalação física de seus órgãos em algum ponto de seu território.

5.1. ATOS UNILATERAIS:

Ato unilateral é o ato imputável a um único sujeito de direito internacional, o qual produz efeitos jurídicos na esfera da atuação do Direito Internacional Público.

5.1.1. Os atos unilaterais das organizações internacionais:

Apesar de não constar da enumeração exemplificativa do Estatuto da Corte Internacional de Justiça, artigo 38 como fonte do Direito Internacional, é incontestável que os atos das organizações internacionais fazem nascer a norma jurídica internacional.

Os órgãos das organizações podem adotar resoluções, recomendações e decisões, emitir pareceres consultivos, redigir acórdãos ou proferir sentenças. Todos estes atos são atos unilaterais das organizações internacionais.

Ainda que haja diversidade nas práticas e nos textos, pode-se dar um sentido genérico às denominações mais frequentes, distinguindo os atos dos órgãos não jurisdicionais daqueles dos órgãos jurisdicionais.

Em 1956 M. Virally propôs a seguinte definição para recomendação: "resolução de um órgão internacional dirigida a um ou vários destinatários (e implicando) um convite à adoção de um determinado comportamento, ação ou abstenção". O termo decisão será usado nos atos unilaterais obrigatórios e resolução em qualquer ato emanado de um órgão coletivo de uma organização internacional.

A resolução não coincide com a noção de ato unilateral não jurisdicional. A categoria dos atos é mais extensa, compreende o conjunto dos atos adotados pelos órgãos compostos por agentes internacionais.

5.1.2. As decisões:

A decisão é um ato unilateral que nasce de uma manifestação de vontade de uma organização, logo imputável a esta, que cria obrigações a cargo do seu ou dos seus destinatários.

Um exemplo seria uma decisão do Conselho de Segurança das Nações Unidas adotada conforme o artigo 25 da Carta. No entanto, um ato adotado em virtude de outras disposições da Carta e qualificado como decisão, pode ser na realidade uma recomendação. O termo neste caso tem sentido de deliberação.

O T.U. reconhece, a propósito das decisões do artigo 18 da Carta, que elas compreendem, com efeito, certas recomendações da Assembléia. Da jurisprudência do T.U., como da do Tribunal do Luxemburgo, resulta que a denominação adotada por um órgão não é uma indicação decisiva e que o Tribunal pode sempre requalificar um ato, fundamentando-se em critérios objetivos. Além disso, certas resoluções, que são indiscutivelmente decisões, podem ter um caráter simplesmente permissivo.

Dentro dos atos unilaterais existem os atos autonormativos e os heteronormativos. Os primeiros dirigentes própria organização ou aos Estados como elementos da organização e submetidos ao seu direito próprio; os segundos dirigem-se a sujeitos de direito autônomos face à organização (outras organizações, por exemplo).

Alguns atos unilaterais das organizações são ao mesmo tempo auto e heteronormativos. É o caso da resolução pela qual o orçamento é adotado nas organizações financiadas por contribuições estatais, e é a hipótese mais frequente para os atos das Comunidades Europeias. Sob estas reservas, o exame dos defeitos de cada resolução permite, normalmente, avaliar os seus efeitos internos e externos e deduzir sua qualificação mais pertinente.

5.1.3. Os atos autonormativos:

Todas as organizações internacionais têm poderes de decisão necessários para atingir os objetivos fixados pela sua carta constitutiva, para garantir a continuidade do seu funcionamento e para permitir a sua adaptação às alterações de circunstâncias ou de situações internacionais.

As decisões ligadas ao funcionamento da organização

Algumas decisões possuem um alcance individual, como a nomeação dos agentes da organização e dos juízes dos tribunais internos ligados às organizações, criação de órgãos subsidiários etc.

Outras decisões são atos normativos de alcance geral, como a regulamentação interna dos diferentes órgãos (os artigos 21 e 30 da Carta das Nações Unidas para a assembleia Geral e o Conselho de Segurança, servem como exemplo), regulamentos financeiros, estatuto dos agentes etc.

Excepcionalmente, uma organização pode, com efeito, emendar as regras básicas formuladas pela sua carta constitutiva, sem o acordo individual dos Estados membros e com efeito obrigatório para estes.

Estas decisões, ligadas ao funcionamento da organização, são, como já visto anteriormente, atos jurídicos internacionais, portanto, vinculam os órgãos que as adotaram.

A distinção feita entre os atos segundo seu alcance individual ou geral é mais importante no direito das organizações internacionais do que nas relações interestatais. Dirige em parte a aplicação do princípio da hierarquia das fontes, princípio que encontra melhor aplicação num quadro institucionalizado. Desta forma, como exemplo, os agentes das Nações Unidas estão submetidos a um Estatuto, estabelecido pela assembleia Geral, e ao Regulamento emanado do Secretário Geral da O.N.U. A base da pirâmide normativa é constituída por decisões individuais de aplicação.

Por terem efeito obrigatório para os órgãos da organização, bem como para os Estados membros, as decisões são adotadas segundo processos muitas vezes complexos destinados a fazer respeitar certos equilíbrios políticos. O artigo 97 da Carta das Nações Unidas, por exemplo, estabelece que o Secretário-Geral é nomeado pela assembleia Geral mediante recomendação do Conselho de Segurança. Da mesma maneira, no âmbito das Comunidades Europeias, o Conselho de Ministros só pode, em princípio, adotar um ato decisório sob proposta da Comissão. A recomendação, a proposta não são atos criadores de normas, mas por serem atos-condições, não são desprovidos de efeitos jurídicos.

5.1.4. As decisões que regem as atividades externas da organização:

Uma organização internacional pode comprometer-se, através de atos unilaterais, a adotar certos comportamentos perante os Estados, a outras organizações ou mesmo, a pessoas privadas, na execução da sua própria política. Assim acontece em certos compromissos unilaterais de coordenação das atividades das organizações, e no anúncio da política seguida pela organização a respeito dos Estados (as comunicações da Comissão das Comunidades Europeias sobre as ajudas públicas nacionais, no domínio da concorrência) ou nos compromissos tomados a respeito dos indivíduos (respeito do direito humanitário na condução das operações de manutenção da paz, por exemplo).

5.1.5. Os atos heteronormativos das Nações Unidas:

As organizações contidas O.N.U. também podem criar obrigações a cargo dos Estados membros, de outras organizações ou dos indivíduos. Desta forma elas dispõem dos meios mais eficazes para exercer as suas funções de unificação ou de integração.

5.1.6. Campo de aplicação:

Assim como nos atos autonormativos, certas decisões têm um alcance individual. É o caso, em primeiro lugar, das sentenças dos tribunais internacionais. Em virtude do caso julgado, estas sentenças são incontestáveis atos jurídicos. Em segundo lugar, as decisões da assembleia Geral e do Conselho de Segurança (decisões de admissão na O.N.U.,ou em uma instituição especializada, da constatação de uma situação ou de uma medida de sanção - artigo 25 da Carta).

No caso das decisões unilaterais da O.N.U., a sua oponibilidade aos Estados destinatários e mesmo a sua validade estão condicionadas, em primeiro lugar, pela extensão das competências reconhecidas ao órgão que adota essas decisões; depende também de uma eventual aceitação dos Estados destinatários.

É a primeira vez que um órgão político, no âmbito universal, tem o direito de impor os seus pontos de vista a Estados soberanos no domínio mais importante das relações internacionais. Quando exerce este poder de natureza executiva, surge de fato como uma autoridade pública internacional.

Ainda que a Assembleia Geral não tenha, em princípio competência para adotar decisões para os Estados membros, existem algumas exceções confirmadas pala jurisprudência como o parecer do T.I.J. de 1971 que reconheceu à Namíbia o poder implícito de revogar unilateralmente o mandato concedido pela S.d.N. à África do Sul sobre a mesma (a propósito da declaração de ilegalidade da ocupação sul-africana da Namíbia, *Rec.*, 1971, p.50).

As organizações podem também usar seu poder regulamentar para adotar decisões de alcance geral que interessem os Estados. Por ser um poder que pode ser perigoso para as soberanias nacionais, fica na maior parte das vezes encerrado em limites estreitos e se aplica apenas a problemas técnicos.

A maior parte das vezes, a decisão da organização não será, todavia, senão uma primeira etapa, necessária, mas não suficiente para obter a revisão do tratado constitutivo; é, portanto, quando muito, um ato-condição em um processo complexo de alteração de um tratado.

5.1.7. Aplicação das decisões das organizações:

Na ordem internacional, a aplicação das decisões das organizações depende em primeiro lugar da validade e do alcance intrínseco das resoluções. Estas questões são reguladas quer pelo direito interno da organização, quer pelo direito internacional geral.

Em princípio estas decisões só interessam aos Estados membros em dois casos: quando as aceitaram ou quando estabelecem situações objetivas e, portanto, oponíveis a todos.

Quando houver oposição entre uma norma consuetudinária e uma decisão é necessário saber se o costume é anterior ou posterior à decisão. Sendo posterior, prevalece a norma e a decisão já não é oponível. Se o costume for anterior, e a decisão não puder ser considerada como a expressão de um costume novo, a decisão é oponível entre Estados membros da organização, mas imponível nas relações com os Estados terceiros.

Na ordem jurídica interna, na jurisprudência dos tribunais falta coerência. Com bastante frequência os tribunais internos evitarão pronunciar-se diretamente sobre o valor jurídico destes atos.

5.2. JUS COGENS:

Originária do latim, a expressão "Jus Cogens" significa lei coercitiva ou imperativa, e na esfera do Direito Internacional, esta serve com uma norma a qual tem o poder de obrigar os diversos Estados e Organizações Internacionais a seguirem a regra geral que servirá de parâmetro para todos os atos dos

entes estrangeiros. Vale ressaltar que sua existência não poderá ferir as normas infraconstitucionais dos países envolvidos.

Deste modo, temos que o Jus Cogens nada mais é do que o conjunto de normas que são aceitas e reconhecidas pelos entes internacionais, onde não poderão ser objeto de derrogação por mera vontade individual dos Estados, de forma que essas regras gerais só podem ser modificadas por outras de mesma natureza.

Sua definição encontra-se prevista no artigo 53 do Tratado de Viena, onde temos que:

> É nulo um tratado que, no momento de sua conclusão, conflite com uma norma imperativa de Direito Internacional geral. Para os fins da presente Convenção, uma norma imperativa de Direito Internacional geral é uma norma aceita e reconhecida pela comunidade internacional dos Estados como um todo, como norma da qual nenhuma derrogação é permitida e que só pode ser modificada por norma ulterior de Direito Internacional geral da mesma natureza.

Deste modo, todos os tratados deverão respeitar o Jus Cogens e suas normas sempre deverão ser submetidas a este, juntamente com o respeito às normas infraconstitucionais dos países envolvidos.

Um exemplo reconhecido de "Jus Cogens" é a Declaração Universal dos Direitos Humanos da ONU de 1948, que apesar de não ser uma norma formalmente cogente, já que não é um tratado, possui obrigatoriedade material, uma vez que foi votada na assembleia geral das nações unidas.

A formação do Jus Cogens foi fortemente influenciada pelo Jus Publicum, uma vez que se trata do interesse coletivo. Além da influência do Direito Romano, o Direito Natural é considerado um dos fundamentos do Jus Cogens, já que o Direito Natural acompanha a humanidade desde os primórdios, evoluindo junto com a história, não necessitando de previsão ou sansão, independe de acordos, e seus princípios são universais e imutáveis, superiores as demais normas.

Desta feita, temos que o conceito de Jus Cogens é baseado na aceitação de valores fundamentais e superiores dentro do sistema jurídico internacional e deve ser submetido à aceitação da comunidade, deixando clara a sua superioridade justamente pela importância dos valores que protege, normalmente os que versam a respeito dos direitos humanos.

5.2.1 Como o jus cogens se caracteriza:

A norma deverá ser caracterizada de maneira geral, devendo repassar a ideia de universalidade e extensão, não tendo seus destinatários limitados, tendo esta que ser destinada a todos e de maneira igualitária.

Sobre o tema, Rodas (1974, p. 125) afirma que:

> Jus Cogens exprime valores éticos, que só se podem impor com força imperativa se forem absolutos e universais.

Do mesmo modo, o artigo 53 da CVDT impõe que a norma Jus Cogens seja "aceita e reconhecida pela comunidade internacional dos Estados como um todo".

Já na visão de Friedrich (2004, p. 34), temos que:

> Isso significa que Jus Cogens deve exprimir a conjugação dos valores de todas as diferentes visões da humanidade, ainda que não esteja representada em sua plenitude.

Já no que diz respeito à impossibilidade de derrogação desta norma, encontramos claramente o seu caráter imperativo em relação a qualquer norma de

Direito Internacional.

Vale ressaltar que o ordenamento jurídico internacional apresenta como uma de suas características mais marcantes o reconhecimento da ausência de hierarquia entre suas normas, colocando-as numa posição de igualdade em relação a todas as outras normas.

Porém, se tratando de Jus Cogens, encontramos a exceção de tal regra, uma vez que está sempre irá prevalecer sobre qualquer outra norma internacional, só podendo ser derrogada por outra norma Jus Cogens superveniente.

5.3. SOFT LOW:

Pode-se conceituar soft law, no âmbito do direito internacional, como espécie de norma, entre as muitas exaradas pelas entidades internacionais, quer na esfera das organizações internacionais, como a Organização das Nações Unidas (ONU) e suas Agências, quer na de organizações regulatórias, tal qual a Câmara Internacional do Comércio (CIC). Diferencia-se a soft law de outras normas pelo seu caráter de flexibilidade e dependência de governança.

Quando do surgimento da expressão soft law no mundo globalizado, alguns países tentaram uma tradução que se amoldasse à compreensão de seus falantes: derecho brando (direito brando - espanhol); diritto mite (direito suave -italiano); droit mou (direito macio - francês). Ocorre que não se tem uma real compreensão desse tipo de norma por essas traduções.

Elas acabam por apoucar o verdadeiro sentido e a abrangência dessa norma especial.

Por mais que se tenha incitado a criatividade, não foi diferente no Brasil. Algumas tentativas apontaram para direito flexível, direito brando, quasedireito, direito não cogente etc. Ainda, alguns autores entendem a soft law como direito verde (não maduro). Entretanto, logo se percebeu que as traduções eram inúteis, preferindo a maioria dos juristas e doutrinadores permanecer no anglicismo, mantendo-se a expressão tal qual usada internacionalmente.

Outra justificativa para permanecer-se na expressão inglesa é que há diferentes normas que se enquadram no conceito de soft law. Algumas aproximam-se mais de um direito mole, outras de um direito flexível e ainda há as que melhor seriam compreendidas por direito verde ou em construção. É como soa o magistério de Salem Nasser[2]:

> Ora, uma escolha de um dos termos possíveis para substituir o soft seria útil apenas se este tivesse na expressão original um único sentido. Tendo mais de um, seria necessário encontrar, em português, um termo que lhe fosse totalmente equivalente. Isso não ocorre, na realidade, sendo alguns fenômenos da soft law melhor designados por direito mole, outros por flexível, verde etc.

Para a doutrina clássica, o termo soft law é posto em paralelo com a expressão hard law. Esta, para identificar as normas cogentes (tratados e costumes internacionais) e aquele, para indicar a espécie de norma flexível e, nessa visão, não obrigatória. O esforço deste autor caminhará no sentido de demonstrar as mudanças que se operam no direito internacional, não permitindo mais esse tipo de diferenciação.

Não se pode mais negar que os efeitos da soft law estão traduzidos em um corte horizontal, nas relações multilaterais, que atinge inexoravelmente o direito internacional público e o privado. Como negar as diferenças provocadas pela Declaração Universal dos Direitos do Homem (Assembleia Geral da ONU em 1948) e as mudanças nas atividades dos países pela Agenda 21 (Eco-92)? Como não reconhecer, no meio internacional privado, a validade e a obrigatoriedade do uso dos padrões adotados pela International Organization for Standardization (ISO)?

Destarte, a soft law não é tratado internacional, na concepção posta pela Convenção de Viena, e tampouco se harmoniza ao conceito de costume. Mas, por outro lado, o novo desenho feito pela comunidade internacional para as relações entre Estados e sociedades transnacionais não mais permite que tais normas sejam enquadradas como de menor importância ou que delas não se espere obediência.

6. PLANO DE VALIDADE DAS FONTES DO DIREITO INTERNACIONAL:

Após atestada a existência do fato jurídico (tendo sido verificado que o fato é daqueles em que a vontade humana constitui elemento nuclear do suporte fático), o fato jurídico irá passar pelo plano da validade. No plano da validade será verificada a perfeição do fato jurídico, isto é, será analisado se o fato não possui qualquer vício invalidante.

A análise da validade ou invalidade de um ato jurídico assegura a integridade do ordenamento jurídico, uma vez que, ao recusar utilidade jurídica aos atos jurídicos que infringem as normas do ordenamento, garante-se a integridade da vigência do sistema jurídico como um todo.

No âmbito do Direito Público, e para o que interessa no presente trabalho, é possível falar de invalidade das leis que infringem normas jurídicas de hierarquia superior; tais leis são consideradas nulas, isto é, inválidas (casos de inconstitucionalidade de leis ou atos normativos infralegais).

7. DIREITO INTERNACIONAL E RELAÇÕES INTERNACIONAIS

Considerando a história das relações internacionais, o direito e a política podem ser vistos como duas manifestações do mesmo fenômeno: o exercício organizado do poder. Enquanto a política lida com o próprio poder, em suas mais diferentes expressões, o direito trata das restrições ao poder, fundamentadas em diversos critérios, e materializadas em normas (regras e princípios), que são utilizadas, ainda que sob a forma de um ideal de justiça, como balizas para o exercício do poder.

Nas relações internacionais, a conexão entre direito e política apresenta algumas peculiaridades. Os principais atores do sistema internacional, os Estados soberanos, não são limitados por normas ou por poderes não derivados dos próprios Estados. Em outras palavras, na arena internacional, o poder dos Estados soberanos não tem, em tese, limitação legal ou moral.

Essa situação peculiar é geralmente analisada por meio de uma comparação tradicional entre a arena externa e o âmbito doméstico do Estado. Nessa comparação, cuja precisão é contestável, os teóricos enfatizam a ausência de autoridade centralizada na arena internacional. Essa característica, que, na concepção de filósofos contratualistas clássicos, é fundamental na narrativa sobre a criação do Estado, impossibilita, nas relações internacionais, a configuração induzida de um desenho político semelhante ao Estado, ainda que ampliada.

Subjacente a esse debate, deve-se enfatizar, portanto, o papel do direito internacional em tal ambiente anárquico. Como o autor discute nas subseções seguintes, esse papel não é estático ao longo da história e conforme as diferentes teorias das relações internacionais. O papel dinâmico do direito internacional, que deve ser contraposto à concepção imóvel dos fenômenos legais, será útil para compreender a função das normas jurídicas como instrumento organizador das relações internacionais e, considerando o processo de constitucionalização do direito internacional, o instrumento mais importante da governança global.

Grupo 3

O ESTADO NA ORDEM JURÍDICA INTERNACIONAL

Natália Cruz da Conceição (organizadora)
Louise de Souza Gouveia
Marcely Lobato dos Santos
Mariana Thaiza Moura Smith

RESUMO:

O Estado é formado por governo, população, territórios e soberania que o fará existir no direito internacional, através da aplicação de princípios e normas, seguindo condições políticas e sociais a fim de estabelecer relações na sociedade internacional. O Estado se caracteriza por possuir soberania, autoridade sobre seu território, mas não deve impor autoridade em relação a outros Estados, nesse sentido, indicam os conflitos de soberania, como pode se perceber na questão da disputa da plataforma continental entre Nicarágua e Colômbia. Assim sendo, recorre as fontes do direito internacional, ou as leis, ou aos costumes, mais precisamente, para tentar uma solução de maneira amistosa.

Palavras chaves: Estado, Direito Internacional,

Conflitos de Soberania.

ABSTRACT: The State is formed by government, population, territories and sovereignty that will make it exist in international law, through the application of principles and norms, following political and social conditions in order to establish relationships in international society. The State is characterized by having sovereignty, authority over its territory, but it should not impose authority in relation to other States, in this sense, indicate the conflicts of sovereignty, as can be seen in the dispute over the continental shelf between Nicaragua and Colombia. Therefore, it resorts to the sources of international law, or laws, or customs, more precisely, to try to reach a friendly solution.

Keywords: State, International Law, Conflicts of Sovereignty.

1. INTRODUÇÃO

O Estado é a principal entidade jurídica, ele é formado por governo, população, territórios e soberania. Caracterizado por possuir normas e leis que geram a vida em sociedade, mas que não se limita somente a elas, isto é, abrange outras formas de criação jurídica. Tem uma amplitude de conceitos e características.

Ao se tratar do Estado na ordem jurídica internacional, se entende que este possui personalidade jurídica e detém soberania que o fará existir no direito internacional.

Engloba uma população formada e estabelecida no território determinado, sob a autoridade de um governo, que detém soberania. E através das fontes do Direito, tais quais, princípios e normas, que fazem com que ele seja percebido e admitido por outros Estados, seguindo condições políticas e sociais, para então ser capaz de estabelecer relações na sociedade internacional, objetivando formar e acompanhar uma maior institucionalização das relações internacionais.

Ademais, os Estados possuem soberania, autoridade sobre seu território, mas não necessariamente tem autoridade em relação a outros Estados, nesse sentido, indicam os conflitos de soberania. Como pode se perceber na questão da Nicarágua ao pretender estender a plataforma continental sobre a Colômbia, em virtude da delimitação de fronteira marítima entre os países, visto que a Colômbia quem possui soberania sobre aquelas ilhas.

Assim sendo, recorre as fontes do direito internacional, ou as leis, ou aos costumes, mais precisamente, para tentar uma solução de maneira amistosa.

2. O CONCEITO GERAL DE ESTADO PARA O DIREITO

O Estado abrange um território, e todo o Estado deve haver uma soberania. Na interpretação de Godinho (2017), o Estado é o primeiro elemento da sociedade internacional, formado por indivíduos, estabelecido em território sob a autoridade de um governo.

Para Melo (2017), o Estado é uma entidade que

detém soberania, porém para este existir de fato, deve possuir elementos, tais quais, o governo, território, população e a soberania.

Portanto, conforme explicam Silva; Kindermann; Queriquelli (2013), o Estado é o principal elemento nas relações internacionais, composto de território e população, em que se delimita no plano político, ao tratar sobre o povo que é regido por leis; no plano físico quando analisa o espaço geográfico, o território e extraterritorialidade; do espaço em que exerce a sua soberania; e no plano pessoal, ao abordar sobre nação, a relação indivíduo e Estado.

Godinho (2017) apresenta duas teorias referente ao território, a teoria subjetiva e a teoria objetiva, em que na primeira, o território faz parte do Estado, é inerente a este, ao pensar em território se associa diretamente ao Estado. Já na teoria objetiva, o território é submisso, é apenas um objeto estatal, em que o Estado detém domínio, um direito real de propriedade ou soberania sobre ele.

Ao tratar do elemento população, tem-se que este compõe o Estado e faz parte do território, o qual é um agrupamento de pessoas, tanto os nacionais, como os estrangeiros.

Ainda, tendo o Estado uma personalidade jurídica e que detém soberania que o fará existir no Direito Internacional, conforme analisa Godinho (2017).

A soberania positivamente falando, é a independência, e negativamente, é a imposição de suas vontades ao seu povo, dentro de seu território, também a entidades públicas e privadas. A soberania, no contexto internacional, é a que não se submete a outras potências estrangeiras, não pode ser obrigada a sanções de organismos ou autoridades estrangeiras.

O Estado pode ser amplamente conceituado, em que percorre diversas vertentes, tais quais, na sociologia, ao abranger um aspecto de vista social, vertente política, quando se volta ao bem estar social da coletividade, e jurídica, quando este é discutido na esfera do direito, quando estuda normas e

legislações. Assim entende Nader (2014, p. 140):

> O vocábulo Estado, no sentido em que é empregado modernamente, a nação politicamente organizada, era estranho aos antigos, pois advém da época de Maquiavel (1469-1527), que iniciou a sua obra O Príncipe (1513) com as seguintes palavras: "Todos os Estados, todos os domínios que têm havido e que há sobre os homens foram e são repúblicas ou principados."
>
> Os gregos designavam polis a sua cidade-estado, termo equivalente a civitas dos romanos. Em Do Espírito das Leis, Montesquieu empregou-o para designar o Direito Público. Atualmente, Estado é um complexo político, social e jurídico, que envolve a administração de uma sociedade estabelecida em caráter permanente em um território e dotado de poder autônomo. Queiroz Lima definiu-o como "uma nação encarada sob o ponto de vista de sua organização política" e
>
> León Duguit considerou-o "força a serviço do Direito".
>
> As investigações que a doutrina moderna

desenvolve sobre o Estado caminham em três direções:

a) sociológica: que analisa o Estado do ponto de vista social, abrangendo a totalidade de seus aspectos econômico, jurídico, espiritual, bem assim o seu processo de formação e composição étnica (objeto da Sociologia);

b) política: corresponde à pesquisa dos meios a serem empregados pelo Estado, para promover o bem-estar da coletividade, que é o seu objetivo (objeto da Ciência Política);

c) jurídica: que examina a estrutura normativa do Estado, a partir das constituições até a legislação ordinária (objeto da Ciência do Direito).

Já na interpretação de Hans Kelsen (1998), o Estado deve seguir a Constituição, este abrange normas gerais que prevalecem na Lei Maior. Nesse sentido, entende-se que o Estado é o preceito de criação jurídica no nível mais elevado na ordem jurídica, tal qual, a Constituição. Explana Seitenfus (2013, p. 62):

> O estado não sofre, a princípio, qualquer concorrência. Organizando segundo critérios que lhe são próprios, os atributos da soberania, o Estado dispõe de legitimidade que lhe confere o poder fazer nos limites de seu espaço territorial, onde exerce, sem partilha seu poder discricionário.

O chamado poder estadual é a vigência de uma ordem jurídica estadual efetiva. Dizer que o governo estadual, que exerce o poder do Estado, tem de ser independente, significa que ele não pode juridicamente ser vinculado por qualquer outra ordem jurídica estadual, que a ordem jurídica estadual só está subordinada à ordem jurídica internacional, se é que se subordina a qualquer outra ordem jurídica.

Para Hans Kelsen (1998), o Estado é a produção de normas gerais reguladas pela Constituição é como se limitasse o Estado apenas a ordem jurídica, como se este fosse apenas um sistema de normas gerais. Porém, tem uma maior abrangência, abarca diversas outras normas, tais quais, atos administrativos, decisões dos tribunais, negócios jurídicos. Isto é, para Kelsen (1988) o Estado não se limita apenas à lei, mas também em outras formas de criação jurídica.

Deste modo, vem a classificação do direito, em que se coaduna com o direito público e o direito privado.

3. CLASSIFICAÇÃO DO DIREITO

O Direito classifica-se em público e privado. Sendo que o primeiro se trata da relação entre o Estado e o súdito, a quem deve seguir a norma imposta, isto é, o Estado cria a norma e o sujeito deve ser obrigado a cumprir.

Já o direito privado é a relação entre os próprios sujeitos através da declaração de vontade de ambos, e é pelo contrato que se dá a obrigação entre eles, de forma recíproca. Explica Hans Kelsen (1998, p. 207):

> Assim, o Direito privado representa uma relação entre sujeitos em posição de igualdade - sujeitos que têm juridicamente o mesmo valor - e o Direito público uma relação entre um sujeito supraordenado e um sujeito subordinado - entre dois sujeitos, portanto, dos quais um tem, em face do outro, um valor jurídico superior.

Quando se estuda a teoria geral do direito e coloca o Estado em embate com o direito como diferente, então se conceitua o Estado como sujeito de direitos e deveres, e ao mesmo tempo como sujeito que independe de ordem jurídica.

Já a teoria do Estado entende que o Estado independe do direito, é como se, por si só este se garante, se completa, se reafirma, trata de unidade coletiva que aparece como sujeito de vontade e atuação, mas se pressupõe do direito porque é obrigado, e recebe direitos. Apresenta Hans Kelsen (1998, p.

210):

> Assim como a teoria do Direito privado pressupõe originariamente que a personalidade jurídica do indivíduo precede lógica e cronologicamente o Direito objetivo, isto é, a ordem jurídica, assim também a teoria do Estado pressupõe que o Estado, enquanto unidade coletiva que aparece como sujeito de uma vontade e de uma atuação, é independente do Direito e até preexistente ao mesmo. Mas o Estado cumpre a sua missão histórica - ensina-

> se - criando o
>
> Direito, o "seu" Direito, a ordem jurídica objetiva, para depois se submeter ele próprio a ela, quer dizer: para se obrigar e se atribuir direitos através do seu próprio Direito. Assim o Estado é, como entidade metajurídica, como uma espécie de poderoso macroánthropos ou organismo social, pressuposto do Direito e, ao mesmo tempo, sujeito jurídico que pressupõe o Direito porque lhe está submetido, é por ele obrigado e dele recebe direitos. E a teoria da bilateralidade e autovinculação do Estado que, apesar das patentes contradições que repetidamente lhe são assacadas, se afirma contra todas as objeções com uma tenacidade sem exemplo.

No entendimento de Capilongo; Gonzaga; Freire (2017) cada direito tem um campo próprio, logo efeitos diferentes, é o que diferencia o direito público do direito privado. Posto que, para o direito público é o interesse público que prevalece, já para o privado, se admite a liberdade e autonomia dos particulares, exemplo mais comum utilizado, é a celebração de contrato.

Ainda, há critérios que diferenciam um do outro, tais quais, o critério do interesse, voltado para a coisa pública, se reafirma o interesse do Estado, e o direito privado se volta para os sujeitos privados, regula os interesses dos particulares; apresenta também o critério do sujeito, aquele que abrange os sujeitos da relação jurídica, isto é, ao se referir em direito público se sabe que o sujeito é o Estado, e no direito privado, os sujeitos privados; e por fim, o critério da subordinação.

4. CONCEITO DE ESTADO NO DIREITO INTERNACIONAL

Conforme analisa Biazatti; Brant (2019) é importante mencionar que o Direito Internacional é um conjunto de normas agrupadas, de forma sistemática em busca de um sentido e ao alcance indeterminado. Em que estuda normas praticadas internacionalmente, abrangendo diversas fontes, tais quais, costumes e tratados internacionais, por exemplo. Conceitua Gutier (2011, p. 5):

> É o conjunto de princípios e normas, sejam positivados ou costumeiros, que representam direito e deveres aplicáveis no âmbito internacional (perante a sociedade internacional).
>
> Em outras palavras, Direito internacional público consiste no sistema normativo que rege as relações exteriores entre os atores internacionais. O arcabouço jurídico que norteia as relações exteriores entre os sujeitos que integram a sociedade é o que se pode denominar de direito internacional público.
>
> É o Ramo da ciência jurídica que visa regular as relações internacionais com o fim precípuo de viabilizar a convivência entre os integrantes da sociedade internacional.

Ainda, considerando o entendimento de Portela (2011) menciona-se que o Direito Internacional Público e Direito Internacional Privados não são a mesma coisa. O Direito Internacional Público está voltado para as relações internacionais, disciplinam assuntos que envolvem os Estados, regulamenta interesses nacionais, trata dos atores internacionais. Enquanto que o Direito Internacional Privado regula normas privadas, de interesses dos particulares, mas que regimenta leis no espaço, em diferentes países. Aponta Portela (2011, p. 58):

> Brasileira casa com português nos EUA e estabelece domicílio no Japão. Qual o foro competente para conhecer de processo referente à eventual separação desse casal?

No mais, além destes, é importante ressaltar a presença dos princípios gerais de direito, os atos unilaterais, as decisões das organizações internacionais, a jurisprudência, a doutrina, a analogia e a equidade.

Entretanto, essas fontes do Direito Internacional são o que determina de onde e como o direito nasce, qual sua origem, e assim se entende como o Direito Internacional se aplica, como as regras internacionais serão cumpridas entre os países, como se apresenta a relação entre os Estados, quando estes fazem parte do ordenamento jurídico. Explica Silva; Kindermann; Queriquelli (2013):

> As fontes do DIP dividem-se em convencionais - os tratados - fontes extraconvencionais - aí compreendidos os costumes (responsabilidade

> internacional; imunidade dos estados), os princípios gerais de direito (boa fé, direito adquirido, coisa julgada, pacta sunt servanda), os atos unilaterais, as decisões das organizações internacionais, a jurisprudência, a doutrina, a analogia e a equidade.

Para Portela (2023), assim as fontes se delimitam em fontes materiais e fontes formais, sendo as primeiras como fatos históricos que levam ao surgimento dos preceitos jurídicos e as bases teóricas, tais quais, sociológicas, políticas, econômicas, filosóficas, entre outras, e valores que levam a concepção e construção das normas e preceitos jurídicos e as fontes formais são a elaboração dessas normas. Apresenta Gutier (2011, p.11):

> Fontes Materiais: são os fatos sociais, históricos, políticos e econômicos, que deflagram a produção das normas.
>
> Fontes Formais: são os atos estatais que regulamentam os fatos sociais. Indicam a forma como o Direito Positivo se desenvolve.

Para Portela (2023), as fontes formais classificam-se em tratados, costumes, princípios gerais do direito e princípios gerais do Direito Internacional Público, jurisprudência, doutrina, atos unilaterais do Estado, atos unilaterais de organizações internacionais/decisões de organizações internacionais, soft law, tratados e costumes.

Os tratados têm a função de firmar acordos escritos entre Estados e organizações internacionais para regulamentação de interesses comuns, segundo Portela

(2023). Os tratados se caracterizam por trazer segurança jurídica nas Relações Internacionais, é o que afirma Gutier (2011, p. 11):

> Tratados (art. 38, "a", ECIJ): formalmente, não é hierarquicamente superior ao Costume, mas, na prática, são as principais fontes do DIP e as mais aplicadas. Já que trazem maior segurança jurídica para as Relações Internacionais. Sua regulamentação se dá por um novo ramo do DIP: o Direito dos Tratados, que regulam a sua celebração, entrada em vigor e extinção.

E acompanhando o entendimento de Biazatti; Brant (2017), costumes são uma das fontes do Direito Internacional que advém das práticas na sociedade estatal e a opinião do direito (*opinio juris*) em que leis e normas de adaptam a estes, e juntos evoluem nas condições políticas e sociais da sociedade, para assim formar e acompanhar uma maior institucionalização das relações internacionais. Estes costumes são aplicáveis e presentes nas decisões de âmbito internacional.

4.1. CONCEITO DE SOBERANIA

No pensamento de Hobbes (2010), o Estado é onde todos os homens vivem em sociedade, seguindo regras e leis para que saíam da condição de guerra e do estado de natureza, que é estar na defensiva o tempo todo, é atacar antes de ser atacado, é se proteger, pois o natural do homem é buscar o que é do outro, é agir antes de ser invadido, é a vingança. E tentar seguir o contrato social, as leis da natureza para tentar viver em equilíbrio, paridade, obter uma vida mais satisfeita, porém, para as leis e contrato social serem respeitados deve haver poder visível que façam obedecê-los, até mesmo através do medo, por temer o castigo.

Ou seja, só será possível seguir as normas e leis, se houver um poder instituído, deve haver a autoridade instituída em cada Estado para tornar capaz a afirmação da paz, do respeito às leis, para garantir a segurança dos homens. Nesse sentido, a figura de um soberano, que pode utilizar de todas as ferramentas para que seja mantida a ordem social, para fazer com que a sociedade respeite as leis e regras. Explica Hobbes (2010, p. 61):

> Isto é mais do que consentimento, ou concórdia, é uma verdadeira unidade de todos eles, numa só e mesma pessoa, realizada por um pacto de cada homem com todos os homens, de um modo que é como se cada homem dissesse a cada homem: Cedo e transfiro meu direito de governar-me a mim mesmo a este homem, ou a esta assembleia de homens, com a condição de transferires a ele teu direito, autorizando de maneira semelhante todas as suas ações. Feito isto, à multidão assim unida numa só pessoa se chama Estado, em latim civitas. É esta a geração daquele grande Leviatã, ou antes (para falar em termos mais reverentes) daquele Deus Mortal, ao qual devemos, abaixo do Deus Imortal, nossa paz e defesa. Pois graças a esta autoridade que lhe é dada por cada indivíduo no Estado, é-lhe conferido o uso de tamanho poder e força que o terror assim inspirado o torna capaz de

> conformar as vontades de todos eles, no sentido da paz em seu próprio país, e ela ajuda mútua contra os inimigos estrangeiros. É nele que consiste a essência do testado, a qual pode ser assim definida: Uma pessoa de cujos atos uma grande multidão, mediante pactos recíprocos uns com os outros, foi instituída por cada um como autora, de modo a ela poder usar a força e os recursos de todos, da maneira que considerar conveniente, para assegurara paz e a defesa comum.

Entretanto, no entendimento de Hobbes (2010) ao ser feita a escolha do soberano, presume-se a manutenção da paz, do equilíbrio em sociedade, pois todas as decisões que serão tomadas por ele, é como se fossem das próprias pessoas que o escolheram, como se fossem seus próprios atos, uma vez que o soberano foi escolhido por eles mesmos, ele os representa.

Assim, as espécies de governo se caracterizam na diferença voltada para o soberano, em como é a forma de soberania, por exemplo, um único soberano, o rei, então uma aristocracia.

Na interpretação de Nader (2014), a soberania é o poder, a autodeterminação, a autoridade de administração interna do Estado. Assim delimita Nader (2014, p. 141):

> É o necessário poder de autodeterminação do Estado. Expressa o poder de livre administração interna de seus negócios. É a maior força do Estado, a summa potestas, pela qual dispõe sobre a organização

política, social e jurídica, aplicável em seu território. No plano externo, a soberania significa a independência do Estado em relação aos demais; a inexistência do nexo de subordinação à vontade de outros organismos estatais. Isto não quer dizer, porém, que o Estado não se acha condicionado a uma ordem jurídica internacional. O Direito Internacional Público, que disciplina as relações jurídicas entre Estados soberanos e entidades análogas, estabelece princípios e normas para o convívio internacional, que devem ser acatados pelos membros da comunidade internacional.

O poder do Estado deve existir e ser amplo, respeitando os direitos humanos e os direitos dos demais Estados, seguindo normas e princípios, mantendo a cooperação na comunidade internacional e objetivando a civilidade na sociedade internacional.

4.2. CONFLITOS DE SOBERANIA

Os conflitos acontecem quando há um embate entre interesses dos Estados, quando um determinado país deixa de cumprir um tratado internacional, ou parte dele, consequentemente gerando conflitos entre os demais países que assinaram o acordo, o que afeta a questão da soberania dos Estados, seguindo o entendimento de Silva; Kindermann; Queriquelli (2013).

Conforme o pensamento de Paula (2000), ressalta-se que cada Estado tem suas características próprias, que detém poder sobre sua população, é o que diverge um dos outros. Possuem autoridade, coação irresistível para com seu território e seus indivíduos, e independência em relação a outros Estados, se referindo a forma externa, o que sucede uma dificuldade nesse conceito, pois a noção de soberania implica no ordenamento internacional, daí sendo relativo, visto que não há um poder totalmente dominador, que gera efeito em todos os outros Estados, externamente expressando.

Ou seja, um Estado não está em posição de subordinado ao outro, mas existe a busca de cooperação, igualdade e independência. Entretanto, a soberania possui limites em relação a outros Estados, na esfera da sua competência, é o que entende Paula (2000).

A soberania deve ser limitada, e de acordo com a vontade do Estado, isto é, na separação dos poderes, não violando direitos sociais e políticos, mantendo o bem estar, a paz social, o bem comum e direitos que formam e contribuem para a ordenação do Estado.

A sociedade internacional requer supremos interesses da humanidade, a soberania de outros Estados deve ser atendida, porém com limitações, dessa forma, o direito internacional prega limitações que não contrapõe os Estados, mas limitam o caráter de poder, limitam a própria soberania. Isto significa que a soberania deve se adequar a ordem, a paz, a justiça entre os Estados, que apesar de diferenças existentes na comunidade internacional, importante prevalecer o bem comum internacional. Nesse sentido, os Estados são livres.

Quando se fala em soberania, chegar a esse conceito complica um pouco mais, pois a ideia é que os Estados sejam livres, respeitando sua individualidade.

Dado isso, é importante mencionar a busca e prática de civilização, paz e bem comum. Os Estados precisam achar formas para se adequar a tais necessidades. A soberania, portanto, é um direito, este recorrido em última instância, não devendo se sobrepor a outros Estados, mas cada supremacia se sobrepõe de acordo e conforme a sua esfera, se adequando e buscando o bem comum, visando respeitar a liberdade, por exemplo, não pode acontecer de um Estado se submeter às normas de outro Estado, pois estaria indo em desencontro com a sua própria característica de soberania.

Logo, o aparecimento e estudo do Direito Internacional é uma forma de avaliar essas contradições e conflitos, o qual possui fontes próprias em busca de eficácia e cooperação.

É importante mencionar que os Estados vêm sendo obrigados a cederem certos direitos, prerrogativas, para evitar abalos, repercussões internas e externas, um exemplo são os problemas econômicos que afetam as soberanias. No entanto, a soberania é qualidade dos Estados, como forma de arbítrio, de possuir liberdade com limitações para manter a ordem social.

Jamais deve repudiar direitos e sim respeitá-los e reconhecê-los, em prol de se alcançar o bem comum, como a justiça, segurança e progresso. O Estado através da soberania, mantém a sua liberdade para alcançar e defender o interesse coletivo.

Considerando Silva; Kindermann; Queriquelli (2013), deve sempre ser presentes a questão da paz e a segurança, de forma que tais conflitos sejam resolvidos da melhor forma possível, e desconsiderar, afastar que a aceitação de um termo firmado por um Estado, a negociação esteja afrontando a soberania do Estado.

5. QUESTÃO DA DELIMITAÇÃO DA PLATAFORMA CONTINENTAL ENTRE A NICARÁGUA E COLÔMBIA ALÉM DAS 200 MILHAS NÁUTICAS DA COSTA NICARAGUENSE (NICARÁGUA x COLÔMBIA)

A questão tratada é sobre quem detém a plataforma continental além das 200 milhas, uma disputa que perdurou anos, desde de 2001. Trata-se de zonas marítimas com uma vasta biodiversidade e a presença de petróleo.

O interesse da Nicarágua era a expansão da plataforma, assim ocupar parte do espaço marítimo colombiano. Destarte, pediu ao tribunal com sede em Haia para delimitar sua plataforma continental no mar do Caribe, referente à extensão submarina do território.

Posto isto, a Corte de Haia se baseou na fonte do Direito Internacional consuetudinário, o costume, isto é, normas jurídicas não escritas, abalizadas em costumes que concluem na determinação do limite da plataforma continental além das 200 milhas. Porém, a Nicarágua afirmou que tinha direitos tanto no direito consuetudinário, como no artigo 76 da Convenção da ONU sobre o Direito do Mar. A Colômbia que não ratificou a Convenção, argumenta que Manágua "não comprovou cientificamente que possui uma plataforma continental" além de 200 milhas.

Entretanto, Colômbia teve a sentença favorável à Nicarágua em 2012, mas, ainda sim, continuou no domínio da Colômbia. Por esse motivo, a Nicarágua voltou a questionar as delimitações da fronteira marítima em 2013, e atualmente, no ano de 2023, afirmando que estava ultrapassando o limite de 200 milhas náuticas previstas nas legislações marítimas internacionais.

Sendo assim, a Corte Internacional rejeitou a petição da Nicarágua, considerando Colômbia vitoriosa, ressaltando que esta não ratificou a Convenção do Mar das Nações Unidas, que é o documento responsável por regular os limites de plataformas continentais, o que serviu como base para a decisão da corte internacional. Considera o direito internacional uma metodologia para esse tipo de disputa.

6.   CONSIDERAÇÕES FINAIS

O artigo científico tratou sobre o Estado na ordem jurídica internacional, sendo este amplamente conceituado, considerando abrangências sociais, políticas e jurídicas. É formado pela população, governo, territórios. E para todo Estado existir deve possuir soberania, a qual tem uma definição um tanto hermética, pois, se reflete ao poder, porém, o Estado tem poder internamente, no seu território, para com o seu povo, não podendo se sobrepor a outros Estados, e nem se colocando em posição de subordinado. Entretanto, soberania, na comunidade externa, traz a ideia de independência e cooperação entre os Estados para então, manter as relações internacionais, sempre buscando o bem-estar social e o bem comum.

Nesse sentido, é comum acontecerem conflitos de soberania, e para isso, considera o Direito Internacional como metodologia para tentar analisar e resolver tais questão, seguindo fontes e normas.

7. REFERÊNCIAS

BRANT, Leonardo Nemer Caldeira. BIAZATTI, Bruno de Oliveira. A formação do costume internacional na atualidade – The formation of international custom today. Disponível em: https://revistathemis.tjce.jus.br/THEMIS/article/view/549. Postado em 01/09/2017. Acesso em 19/08/2023.

CAMPILONGO, Celso Fernandes. GONZAGA, Alvaro de Azevedo. FREIRE, André Luiz. Enciclopédia Jurídica da PUCSP, tomo I (recurso eletrônico): teoria geral e filosofia do direito - São Paulo: Pontifícia Universidade Católica de São Paulo, 2017. Recurso eletrônico World Wide Web. Disponível em:

https://enciclopediajuridica.pucsp.br/pdfs/teoria-discursiva-do direito_58ec73dc8379f.pdf. Acesso em 19/08/2023.

ENISLAU, Lucas. Corte Internacional rejeita petição da Nicarágua em disputa marítima com a Colômbia. Decisão foi considerada por Bogotá uma vitória; Manágua queria expandir plataforma continental. Brasil de Fato: uma visão popular do Brasil e do mundo. Data da publicação: 13 de julho de 2023, às 16:21 horas. Caracas, Venezuela. Disponível em: https://www.brasildefato.com.br/2023/07/13/corte-internacional-rejeita-peticaoda-nicaragua-em-disputa-maritima-com-a-colombia. Acesso em 20/08/2023.

GODINHO, Thiago José Zanini. Elementos de Direito Internacional e Público e Privado. Capítulo 5: O Estado e a Ordem Jurídica. São Paulo: 2017. Disponível em: https://edisciplinas.usp.br/pluginfile.php/2620479/mod_resource/content/1/Aula 7_Estados_Godinho.pdf.

Acesso em 19/08/2023.

GUTIER, Murillo Sapia. Introdução ao Direito Internacional Público. Uberaba-MG: 2011. Disponível em: https://www.inesul.edu.br/professor/arquivos_alunos/doc_1558818854.pdf. Acesso em 20/08/2023.

GZH Mundo. Tribunal da ONU decide disputa territorial entre Colômbia e Nicarágua. Data de publicação 11 de julho de 2023, às 10:09h. Disponível em https://gauchazh.clicrbs.com.br/mundo/noticia/2023/07/tribunal-da-onu-decidedisputa-territorial-entre-colombia-e-nicaraguacljyb6xwf004p01hwhvxgy836.html. Acesso em 20/08/2023.

HOBBES, Thomas. Leviatã ou matéria, forma e poder de Estado eclesiástico e civil. Tradução de João Paulo Monteiro e Maria Beatriz Nizza da Silva. 2010. Disponível em: https://perguntasaopo.files.wordpress.com/2010/06/23439650-278-col-ospensadores-hobbes-leviata.pdf. Acesso em: 20/08/2023.

KELSEN, Hans. Teoria pura do direito / Hans Kelsen; [tradução João Baptista Machado]. – (Ensino Superior) Título original: Reine Reehtslehre. ISBN 83-3360836-5. 1. Direito - Bibliografia 2. Direito - Estudo e ensino 3. Direito - Filosofia I. Título. II. Série. 6ª ed. - São Paulo: Martins Fontes, 1998.

MELO, Adryssa Diniz Ferreira de. Direito Internacional. Londrina: Editora e Distribuidora Educacional S.A: 2017.

NADER, Paulo. Introdução ao estudo do direito / Paulo Nader – 36.a ed. – Rio de Janeiro: Forense, 2014.

PAULA, Vera Cecília Abagge de. Aspectos do relativismo da Soberania: contribuição ao Estudo. Revista da Faculdade de Direito da UFPR, 2000. Disponível em: https://revistas.ufpr.br/direito/article/view/1850. Acesso em: 20/08/2023.

PORTELA, Paulo Henrique Gonçalves. Direito

Internacional Público e Privado – Incluindo noções de direitos humanos e de direito comunitário. 3ª edição – Revista, ampliada e atualizada. Editora Podivm. 2011. Disponível em: https://edisciplinas.usp.br/pluginfile.php/2620391/mod_resource/content/1/Portela_p_41-66.pdf. Acesso em 20/08/2023.

SEITENFUS, Ricardo. Relações Internacionais - 2ª Edição: Editora Manoele: 2013. Digitalizado. Capítulo 4 - O principal ator das relações internacionais. Disponível em arquivo pessoal: file:///C:/Users/Louise/Downloads/RI%20%20SEITENFUS,%20 Ricardo-34-75%20(1).pdf. Acesso em: 20/08/2023.

SILVA, João Batista da. KINDERMANN Milene Pacheco. QUERIQUELLI, Luiz Henrique. Direito internacional público: livro didático / João Batista da Silva, organizador; Milene Pacheco Kindermann, [conteudista]; design instrucional Luiz Henrique Queriquelli. – Palhoça : UnisulVirtual, 2013.

ONU - INICIATIVAS PARA INCLUSÃO DE MULHERES REFUGIADAS E MIGRANTES NO MERCADO DE TRABALHO BRASILEIRO E O PAPEL DA ONU.

Jessica Rodrigues dos Santos Sousa (organizadora)
Gabrielle Vitória Nascimento de Andrade
Josikelly Facundes Rodrigues
Kelly Pereira da Silva
Luan Roberto Castro Rodrigues
Sabrinne Monteiro Campbell

1. INTRODUÇÃO

O presente trabalho aborda as dificuldades enfrentadas pelas mulheres refugiadas no acesso e integração ao mercado de trabalho, com foco na atuação da Organização das Nações Unidas (ONU) no contexto dessas questões. A crise global de refugiados tem levado milhões de pessoas a buscar abrigo em diferentes países, resultando em desafios significativos para a reintegração econômica e social, particularmente para as mulheres nesse grupo.

A seção introdutória fornece um panorama geral sobre a crise de refugiados e destaca o crescente número de mulheres refugiadas que enfrentam dificuldades adicionais devido a gênero e vulnerabilidades específicas. Além disso, a introdução apresenta o papel essencial da ONU na promoção dos direitos humanos, na paz e segurança internacionais e no apoio a refugiados por meio de diversas agências e programas.

A primeira parte do trabalho explora as barreiras que as mulheres refugiadas enfrentam no mercado de trabalho. Isso inclui restrições legais, falta de reconhecimento de qualificações, preconceitos culturais e discriminação de gênero. Essas barreiras não apenas limitam o acesso ao emprego, mas também podem levar a condições de trabalho precárias e baixos salários quando empregadas.

A segunda parte aborda a abordagem da ONU em relação aos direitos das mulheres refugiadas e sua inclusão no mercado de trabalho. Através de suas agências, como o Alto Comissariado das Nações Unidas para os Refugiados (ACNUR) e a ONU Mulheres, a organização desenvolve políticas e programas para promover a igualdade de gênero, o empoderamento feminino e a inclusão econômica das mulheres refugiadas. São destacadas iniciativas como treinamentos profissionais, apoio ao empreendedorismo e sensibilização contra a discriminação.

2. ONU (ORGANIZAÇÃO DAS NAÇÕES UNIDAS)

A Organização das Nações Unidas (ONU) foi

fundada em 24 de outubro de 1945, após o fim da Segunda Guerra Mundial. Ela foi criada como uma resposta à devastação causada pela guerra e com o objetivo de promover a cooperação internacional, a paz, a segurança, o desenvolvimento econômico e social, os direitos humanos e a justiça internacional.

A Carta das Nações Unidas, que é o documento fundador da organização, foi adotada em 25 de junho de 1945, durante a Conferência de São Francisco. A Carta estabelece os princípios e objetivos da ONU, bem como a estrutura e os poderes de seus órgãos principais, como a Assembleia Geral, o Conselho de Segurança, o Conselho Econômico e Social, o Tribunal Internacional de Justiça e o Secretariado.

Após a adoção da Carta, a ONU foi oficialmente estabelecida em 24 de outubro de 1945, quando a Carta foi ratificada por um número suficiente de países-membros. Desde então, a ONU tem trabalhado para promover a paz, a segurança, os direitos humanos e o desenvolvimento em todo o mundo, buscando resolver conflitos, fornecer assistência humanitária, promover o desenvolvimento sustentável e muito mais.

2.1. OBJETIVOS E PRINCÍPIOS DA ONU

A Organização das Nações Unidas (ONU) tem como objetivos fundamentais a manutenção da paz e segurança internacionais, através da mediação de conflitos e operações de paz; a promoção do desenvolvimento sustentável, visando erradicar a pobreza, garantir a igualdade de gênero, melhorar a educação e combater as mudanças climáticas; a proteção e promoção dos direitos humanos, incluindo a luta contra a discriminação e a violência; a prestação de assistência humanitária em situações de crises, como conflitos e desastres naturais; a facilitação da cooperação internacional em diversas áreas, como comércio, saúde e tecnologia; a busca pela igualdade e justiça global, promovendo a diversidade e com batendo preconceitos; e a preservação do meio ambiente e dos recursos naturais para as gerações presentes e futuras, através de ações de conservação e combate às mudanças climáticas.

2.2.   ACNUR

O ACNUR (Alto Comissariado das Nações Unidas para os Refugiados) é uma agência especializada da ONU fundada em 1950 para proteger e assistir pessoas deslocadas forçadamente em todo o mundo. Seu principal objetivo é defender os direitos e o bemestar de refugiados, apátridas, deslocados internos e outras pessoas em situações similares. O ACNUR trabalha para assegurar que essas populações tenham acesso a abrigo, alimentos, cuidados médicos, educação e oportunidades para reconstruir suas vidas. Além disso, a agência desempenha um papel importante na busca por soluções duradouras para os deslocamentos, incluindo reassentamento, repatriação voluntária e integração local. O ACNUR também advoga pelos direitos dos deslocados, promove a conscientização global sobre questões relacionadas a refugiados e coordena respostas humanitárias em crises emergenciais. Sua missão contribui significativamente para a estabilidade, segurança e bem-estar das populações mais vulneráveis do mundo.

No Brasil, o ACNUR (Alto Comissariado das Nações Unidas para os Refugiados) desempenha um papel importante no apoio a refugiados e solicitantes de refúgio, bem como na promoção da conscientização sobre questões de deslocamento forçado. O país é conhecido por sua política de acolhimento de refugiados e tem um sistema de asilo relativamente aberto.

O ACNUR no Brasil trabalha em colaboração com o governo brasileiro, organizações não governamentais e outros parceiros para fornecer assistência humanitária, proteção legal e apoio psicossocial a refugiados e solicitantes de refúgio. Algumas das atividades e áreas de atuação do ACNUR no Brasil incluem:

• Assistência Humanitária: O ACNUR oferece apoio prático a refugiados, incluindo abrigo, alimentos, acesso à educação e cuidados médicos, além de auxiliar na identificação de soluções duradouras para sua integração.

• Proteção Legal: O ACNUR auxilia os refugiados e solicitantes de refúgio a entenderem seus direitos e a obterem documentação legal, o que é essencial para sua proteção e integração.

• Sensibilização e Advocacia: A agência trabalha para aumentar a conscientização pública sobre a situação dos refugiados e promover uma cultura de inclusão e acolhimento.

• Integração e Autossuficiência: O ACNUR apoia programas de capacitação profissional e integração socioeconômica para ajudar os refugiados a se tornarem autossuficientes e contribuírem para a sociedade brasileira.

3. ONU MULHERES

A ONU Mulheres é a entidade das Nações Unidas dedicada à promoção da igualdade de gênero e ao empoderamento das mulheres. Fundada em 2010, a ONU Mulheres trabalha em diversas áreas para avançar os direitos e oportunidades das mulheres em todo o mundo. Alguns aspectos importantes sobre a ONU Mulheres:

• Objetivos: A ONU Mulheres tem como objetivo principal eliminar a discriminação de gênero e alcançar a igualdade entre homens e mulheres em todos os aspectos da vida, incluindo político, econômico, social e cultural.

• Atuação Global: A ONU Mulheres trabalha em nível global, regional e nacional, colaborando com governos, organizações da sociedade civil, setor privado e outros parceiros para implementar programas e políticas que promovam a igualdade de gênero.

• Liderança e Participação Política: A ONU Mulheres promove a participação ativa das mulheres em posições de liderança política e tomada de decisões em todos os níveis, garantindo que suas vozes sejam ouvidas e consideradas.

• Prevenção e Combate à Violência de Gênero: A agência trabalha para eliminar a violência baseada em gênero, incluindo a violência doméstica, o tráfico de mulheres e a exploração sexual.

• Saúde e Direitos Sexuais e Reprodutivos: A ONU

Mulheres promove o acesso igualitário a cuidados de saúde, educação sexual e reprodutiva, bem como a prevenção de práticas prejudiciais, como a mutilação genital feminina e o casamento infantil.

• Advocacia e Conscientização: A agência atua como uma defensora global para a igualdade de gênero, sensibilizando a opinião pública, promovendo a educação e influenciando políticas para garantir que as questões de gênero sejam abordadas em nível internacional.

4. QUEM SÃO PESSOAS REFUGIADAS?

As pessoas refugiadas caracterizam-se por estarem fora de seu país de origem devido ao medo de perseguição religiosa, étnica, racial, sexual ou política, além da grave e generalizada violação de direitos humanos e conflitos armados, em busca, então, de proteção. O requisito para que as pessoas sejam denominadas de refugiados é a ultrapassagem de fronteiras internacionais.

Segundo dados recentes da ONU-ACNUR, No final de 2022, 108,4 milhões de pessoas em todo o mundo foram deslocadas à força como resultado de perseguições, conflitos, violência, violações dos direitos humanos e eventos que perturbam gravemente a ordem pública.

Isso representa um aumento de 19 milhões de pessoas em relação ao final de 2021 – mais do que as populações do Equador, Holanda ou Somália. É também o maior aumento de sempre entre anos, de acordo com as estatísticas do ACNUR sobre deslocamentos forçados.

Mais de 1 em cada 74 pessoas na Terra foi forçada a fugir.

5. QUAIS OS DIREITOS E DEVERES DAS PESSOAS REFUGIADAS NO TERRITÓRIO BRASILEIRO?

Buscar e receber refúgio é um direito previsto na Declaração Universal dos Direitos Humanos de 1948. No Brasil, os solicitantes de refúgio e refugiados têm os mesmos direitos que os cidadãos brasileiros. Conforme prevê o artigo 6° da Constituição Federal do Brasil, são direitos sociais a educação, a saúde, a alimentação, o trabalho, a moradia, o transporte, o lazer, a segurança, a previdência social, a proteção à maternidade e à infância e a assistência aos desamparados.

Ademais, a Lei de Refúgio brasileira (Lei nº 9.474, de 22 de julho de 1997) é considerada uma das mais avançadas do mundo. Nesse contexto, de acordo com essa lei, é reconhecida como refugiada aquela pessoa que se encontra fora de seu país de origem devido ao medo de perseguição relacionado às questões de raça, religião, nacionalidade, pertencimento a um grupo social ou opinião política, e que não pode ou não quer valer-se da proteção de seu país. Também é considerada refugiada a pessoa obrigada a deixar seu país de nacionalidade devido à grave e generalizada violação de direitos humanos. Em 2022, esse aparato legal chega aos 25 anos de existência, encontrando o Brasil como país pioneiro na proteção dos refugiados a nível global.

Recentemente, a entrada em vigor da nova Lei

de Migração brasileira (Lei nº 13.445, de 24 de maio de 2017) consolidou a perspectiva de direitos humanos no âmbito da política migratória nacional, posicionando o país na vanguarda do tratamento da temática e tornando o Brasil uma referência no debate global sobre migrações, em consonância com as normas e parâmetros internacionais mais elevados. A seguinte lei assegura também a acolhida humanitária, permitindo o estabelecimento de residência no Brasil de pessoas que deixaram seus países de origem por motivos de iminente instabilidade institucional, conflitos armados, calamidades de grandes proporções, desastres ambientais - além de grave ameaça aos direitos humanos ou de direito internacional humanitário.

6. AS DIFICULDADES DAS MULHERES REFUGIADAS NO MERCADO DE TRABALHO

O preconceito e a violência de gênero no mercado de trabalho são uma das principais dificuldades relatadas por parte de mulheres refugiadas. Nesse sentido, essas pessoas encontram entraves no que diz respeito ao ato laboral apenas por serem mulheres.

Por meio do programa conjunto Moverse, implementado pelo Fundo de População das Nações Unidas (UNFPA), pela Agência da ONU para Refugiados (ACNUR) e ONU Mulheres, com o apoio do Governo de Luxemburgo, mulheres refugiadas e migrantes venezuelanas têm recebido capacitações para encontrar no empoderamento econômico uma ferramenta de enfrentamento à violência baseada no gênero. E vão além: com informação e conhecimento, buscam eliminar o preconceito e a violência contra mulheres também no local de trabalho

7. INICIATIVAS PARA INCLUSÃO DE MULHERES REFUGIADAS E MIGRANTES NO MERCADO DE TRABALHO BRASILEIRO

Cerca de 1,3 milhão de pessoas de outras nacionalidades vivem no Brasil, de acordo com o Ministério da Justiça e Segurança Pública. Os motivos para essas pessoas mudarem para outro país são muito diversos, podendo ser pela busca de uma qualidade de vida, melhores oportunidades de emprego, como também por fuga de guerras e perseguições políticas. Independente da motivação, é importante assimilar, que, por mais que sejam refugiados vindo de outros países, elas também devem possuir seus direitos garantidos, em especial, as mulheres refugiadas e migrantes.

Sob este cenário, é importante o apoio através de iniciativas de projetos para dar a devida assistência, acesso ao básico, oportunidades de emprego para mulheres refugiadas.

Existem inúmeras empresas que promovem a inclusão de pessoas refugiadas e elas relatam múltiplos benefícios, como, maior engajamento e motivação entre suas equipes, alto comprometimento da colaboradora refugiada com as funções, menor taxa de rotatividade e maior diversidade no mercado de trabalho.

A Plataforma Refugiados empreendedores é uma iniciativa do ACNUR e Pacto Global da ONU no Brasil, e tem como objetivo divulgar e dar visibilidade a empreendimento feitos por mulheres refugiadas no Brasil, além de apoiar capacitações e outras oportunidades. Cerca de 96% dos empresários da Plataforma Refugiados Empreendedores planejam ampliar seus negócios no Brasil. É o que aponta uma pesquisa feita pela Agência da ONU para Refugiados (ACNUR) e Innovare. Esses resultados demonstra o papel fundamental para a retomada financeira e autonomia das pessoas refugiadas que vivem no Brasil. O levantamento também mostra que o caminho para empreender no Brasil não é fácil, alguns principais empecilhos é a formalização e aspectos burocráticos, recursos para investimento e idioma.

Há também o projeto Empoderando Refugiadas que é uma iniciativa da ACNUR, Pacto Global da ONU e ONU Mulheres, o projeto tem como objetivo promover a capacitação, empregabilidade e integração das mulheres refugiadas que buscam se estabilizar no Brasil através de oportunidades de trabalho. O projeto também busca sensibilizar empresas da importância de uma equipe diversa e inclusiva. Desde 2018, mais de 9 mil pessoas refugiadas foram interiorizadas com vagas de emprego sinalizada, das quais apenas 29% são mulheres. Com isso, o projeto também visa trabalhar junto com a Operação Acolhida para aumentar a participação de mulheres nessa modalidade de interiorização. A Operação Acolhida foi instituída em março de 2018, foi uma ação do governo brasileiro de ajudar na crise humanitária venezuelana, onde o fluxo de pessoas deslocadas em decorrência da situação grave e generalizada violação de direitos humanos naquele país. A estratégia de interiorização é um dos pilares de atuação da Operação Acolhida. Trata-se de uma iniciativa que leva refugiadas e migrantes que estão em Roraima, que é a principal porta de entrada dessa população, para outros estados do Brasil, apoiando o processo de acolhimento e proteção humanitários. Atualmente, a Operação Acolhida envolve uma complexa gama de articulações entre populações migrantes e refugiadas, gestores e operadores humanitários, militares e sociedade civil organizada, em mais de 800 municípios brasileiros.

Outra iniciativa, é o programa conjunto MOVERSE - Empoderamento Econômico de Mulheres Refugiadas e Migrantes no Brasil, foi iniciado em setembro de 2021, é implementado por ONU Mulheres, Fundo de População das Nações Unidas (UNFPA) e Agência da ONU para Refugiados (ACNUR), com o apoio do Governo de Luxemburgo. O objetivo geral do programa, com duração até dezembro de 2023, é garantir que políticas e estratégias de governos, empresas e instituições públicas e privadas fortaleçam os direitos econômicos e as oportunidades de desenvolvimentos entre venezuelanas refugiadas e migrantes. Para alcançar esse objetivo, a iniciativa é construída em três frentes. A primeira trabalha diretamente com empresas, instituições e governos nos temas e ações ligadas a trabalho decente, proteção social e empreendedorismo. A segunda frente aborda diretamente mulheres refugiadas e migrantes, para que tenham acesso a capacitações e a oportunidades para participar de processos de tomada de decisões ligadas ao mercado laboral e ao empreendedorismo. E a terceira frente trabalha também com refugiadas e migrantes, para que tenham conhecimento e acesso a serviços de resposta à violência baseada em gênero.

8. TENDÊNCIA NOTÁVEL: CRESCIMENTO DAS MULHERES IMIGRANTES E DESAFIOS NO ESTADO DO AMAPÁ.

O aumento contínuo da presença de mulheres imigrantes no estado do Amapá é inegavelmente um fenômeno notável, e a análise dos dados de migração nos anos de 2021, 2022 e 2023 nos proporciona uma visão esclarecedora dessa tendência. As dificuldades enfrentadas por essas mulheres ao buscar integração no mercado de trabalho são notáveis em cada um desses anos.

Desafios de Integração no Mercado de Trabalho:

2021   - Desafios Iniciais: No ano de 2021, com a chegada de 42 mulheres imigrantes, muitas delas podem ter experimentado obstáculos significativos ao tentar se inserir no mercado de trabalho. Questões como barreiras linguísticas, a não validação de suas qualificações estrangeiras e a necessidade de adaptação cultural foram comuns. A competição por empregos também pode ter sido intensa em certos setores.

2022 - Continuação das Dificuldades: A manutenção do número de 42 mulheres imigrantes chegando em 2022 sugere que as dificuldades na integração no mercado de trabalho ainda persistiam. Além disso, a pandemia da COVID-19 pode ter afetado a estabilidade econômica global, adicionando desafios adicionais à busca por empregos estáveis e qualificados.

2023 - Crescimento Sustentado: A presença de 45 mulheres imigrantes registradas de janeiro a julho de 2023 indica que o crescimento permanece constante. No entanto, é crucial destacar que as dificuldades na integração no mercado de trabalho não desapareceram completamente. Dados das casas provisórias da Caritas e IMENA revelam que apenas 14% das mulheres que passaram por essas instituições conseguiram ingressar no mercado de trabalho formal no estado.

Comparação do Crescimento:

Comparando os números de imigração nos três anos:

Em 2021, 42 mulheres imigrantes chegaram.

Em 2022, o número permaneceu o mesmo, com mais 42 mulheres imigrantes chegando.

Até julho de 2023, já foram registradas 45 mulheres imigrantes, indicando um crescimento gradual e consistente.

Embora o crescimento não seja explosivo, ele reflete uma tendência ascendente que pode ser influenciada por vários fatores, incluindo oportunidades de emprego, condições econômicas e políticas de imigração.

Em resumo, o aumento da presença de mulheres imigrantes no estado do Amapá entre 2021, 2022 e 2023 é, de fato, um fenômeno notável. No entanto, as dificuldades persistentes de integração no mercado de trabalho destacam a importância contínua de políticas de inclusão, suporte linguístico e programas de capacitação para garantir uma transição bem-sucedida dessas mulheres para a sociedade amapaense. O crescimento gradual sugere que essas mulheres estão contribuindo para a diversidade e o desenvolvimento da região, apesar dos desafios enfrentados.

9. CONCLUSÃO

O presente trabalho explorou de forma abrangente as dificuldades enfrentadas pelas mulheres refugiadas no mercado de trabalho e o papel desempenhado pela Organização das Nações Unidas (ONU) na busca por soluções e melhorias nesse cenário. A crise global de refugiados tem colocado milhares de mulheres em uma situação de vulnerabilidade, enfrentando barreiras significativas para sua inclusão econômica e social nos países de acolhimento. Nesse contexto, a ONU desempenha um papel fundamental na promoção da igualdade de gênero e na garantia dos direitos humanos dessas mulheres.

Ficou evidente que as mulheres refugiadas enfrentam uma série de desafios no mercado de trabalho, desde barreiras legais e reconhecimento de qualificações até preconceitos culturais e discriminação de gênero. Essas dificuldades não apenas limitam suas oportunidades profissionais, mas também podem perpetuar ciclos de desigualdade e exclusão. O acesso a um emprego digno não é apenas uma questão econômica, mas também está diretamente ligado à autonomia, ao empoderamento e à capacidade das mulheres refugiadas de reconstruírem suas vidas.

A atuação da ONU tem sido crucial na abordagem dessas questões complexas. Através de suas agências, programas e parcerias, a organização tem buscado criar um ambiente mais favorável para a inclusão das mulheres refugiadas no mercado de trabalho. Iniciativas como treinamentos profissionais, apoio ao empreendedorismo, sensibilização e advocacia têm sido implementadas para enfrentar os obstáculos enfrentados por essas mulheres. Além disso, a ONU também trabalha para sensibilizar a sociedade e os governos sobre a importância de promover a igualdade de gênero e garantir o respeito aos direitos das mulheres refugiadas.

É essencial ressaltar que a resolução desses desafios exige uma abordagem multidisciplinar e colaborativa. Governos, organizações não governamentais, setor privado e a própria sociedade têm um papel fundamental a desempenhar na criação de políticas inclusivas e na promoção de um ambiente de trabalho igualitário e acolhedor para as mulheres refugiadas. A ONU serve como uma plataforma importante para coordenar esses esforços e mobilizar recursos em prol dessa causa.

Em última análise, a superação das dificuldades enfrentadas pelas mulheres refugiadas no mercado de trabalho é não apenas uma questão de justiça social, mas também um passo essencial para construir sociedades mais equitativas e resilientes. A ONU, por meio de seus princípios e programas, continua desempenhando um papel crucial na defesa dos direitos e no empoderamento das mulheres refugiadas, trabalhando em direção a um futuro onde todas as mulheres possam desfrutar de oportunidades iguais e dignas no mercado de trabalho.

10. REFERÊNCIAS

Nações Unidas, 2023. História da ONU. Disponível em: https://unric.org/pt/historia-da-onu. Acesso: 18/08/2023.

Nações Unidas, 2023. Missões da ONU. Disponível em: https://unric.org/pt/missao-da-onu. Acesso: 18/08/2023.

ACNUR, 2018. Protegendo refugiados. Disponível em: https://www.acnur.org/portugues/wpcontent/uploads/2018/02/Protegendo-Refugiados-no-Brasil-e-no-Mundo_ACNUR-2018. Acesso: 18/08/2023

ONU Mulheres, 2023. Direitos das mulheres. Disponível em: https://www.onumulheres.org.br/onu-mulheres/sobre-a-onu-mulheres/ Acesso: 18/08/2023.

ACNUR, 2023. Refugiados. Disponível em: https://www.unhcr.org/global-trends Acesso: 18/08/2023.

Marcos legais asseguram direitos humanos de pessoas refugiadas e migrantes — Ministério dos Direitos Humanos e da Cidadania (www.gov.br) Acesso: 18/08/2023.

UNFPA BRASIL, 2022. Mulheres refugiadas. Disponível em: https://brazil.unfpa.org/ptbr/news/mulheres-refugiadas-e-migrantes-buscam-no-conhecimento-e-nainforma%C3%A7%C3%A3o-formas-de-combater-o Acesso: 18/08/2023.

OEA X MERCOSUL

Ayme Ananda da Gama Tito (organizadora)
Almir Oliveira Maciel Junior
Eduardo Breno Rodrigues de Carvalho
Igor Daniel Soares Leite
Maria Antonieta Auzier dos Santos

---

1. O QUE É A OEA?

A Organização dos Estados Americanos é uma instituição internacional composta por Estados independentes do continente americano. É o mais antigo organismo regional do mundo. A sua origem remonta à Primeira Conferência Internacional Americana, realizada em Washington, D.C., de outubro de 1889 a abril de 1890. Estabelecida em 1948, a instituição tem como propósito estabelecer e intensificar relações entre os países do continente americano, além de defender a soberania, a integridade e a independência da região (OEA, 1948).

A instituição é composta por 35 Estados

membros, sendo eles: Antígua e Barbuda, Argentina, Bahamas, Barbados, Belize, Bolívia, Brasil, Canadá, Chile, Colômbia, Costa Rica, Cuba, Dominica, El Salvador, Equador, Estados Unidos, Granada, Guatemala, Guiana, Haiti, Honduras, Jamaica, México, Nicarágua, Panamá, Paraguai, Peru, República Dominicana, São Cristóvão e Névis, Santa Lúcia, São Vicente e Granadinhas, Suriname, Trinidade e Tobago, Uruguai e Venezuela. Apesar de, nos dias de hoje, Cuba fazer parte da OEA, em 31 de janeiro de 1962 ela foi suspensa em decorrência da Revolução Cubana e a adoção do socialismo no país. A suspensão teve como motivação pressionar os revolucionários e a nova forma de governo, visto que a Guerra Fria estava em seu auge. Sua suspensão foi revogava em 3 de julho de 2009. Além de Cuba, Honduras e Venezuela também foram retiradas da organização, mas ambas foram revogadas. Após o fim da Guerra Fria, a cooperação interamericana mostrou interesse em seguir com a organização, o que com o passar dos anos, fez com que a organização crescesse e se desenvolvesse, ampliando suas agendas, incorporando novos temas, atores internacionais e seus níveis de análise. A OEA não apenas cria normas, mas também cria e institucionaliza instrumentos jurídicos que facilitam a aplicação dessa norma.

1.1. ESTRUTURA ORGÂNICA E COMISSÕES:

A OEA realiza os seus fins por intermédio dos seguintes órgãos: Assembleia Geral, Reunião de Consulta do Ministro de Relações Exteriores, Conselhos (Conselho Permanente e Conselho Interamericano de Desenvolvimento Integral), Comissão Jurídica Interamericana, Comissão Jurídica Interamericana de Direitos Humanos, Secretaria Geral, Conferências Especializadas, Organismos Especializados e outras entidades estabelecidas pela Assembleia Geral. A Assembleia Geral, se reúne anualmente para tomar decisões importantes e debates; a Reunião de Consulta, discute problemas urgentes e aplica o Tratado Interamericano de Assistência Recíproca (TIAR) em caso de agressão; o Conselho Permanente, supervisiona assuntos designados e executa decisões; e a Secretaria Geral, que coordena as atividades da organização. A sede da OEA é em Washington, D.C., nos Estados Unidos. O TIAR é um acordo de ação coletiva em casos de agressão.

1.2. OEA COMO ATOR INTERNACIONAL E SEU PAPEL EM DEFESA DA DEMOCRACIA NO CONTINENTE AMERICANO:

Como citado anteriormente após o fim da Guerra Fria os Estados membros mostraram grande interesse em seguir e aprimorar suas agendas. Um conjunto de práticas foi adquirido e ampliado, como destaque às assistências eleitorais, aos debates, às atividades educativas e à promoção de informações sobre governança democrática. Aliado a isso, o debate acerca da democracia no sistema interamericano surge desde as primeiras conferências da organização.

Baseado nos princípios de busca a democracia, foram se materializando dentro da OEA instrumentos jurídicos e diplomáticos, como, em particular;

1. Protocolo de Cartagena (1985): Em 1985, mudanças foram feitas na Carta da Organização dos Estados Americanos (OEA), e o Protocolo de Cartagena das Índias expandiu as responsabilidades da organização em relação ao respeito pela democracia. O Protocolo afirmou que promover e consolidar a democracia é um dos propósitos essenciais da OEA, mantendo o princípio de não intervenção nos assuntos internos dos Estados-membros. Isso indica um compromisso reforçado da OEA com a democracia na região.

2. Resolução n 1080 da Assembleia Geral (1991): com a denominação "Democracia Representativa", essa declaração reiterava o compromisso dos Estados Membros de atuar de forma coletiva e instantânea para proteger a democracia ameaçada, uma vez que o Protocolo de 1948 não especificava o tipo de ação que a organização deveria tomar para consolidar a o Estado democrática na região.

3. Protocolo de Washington (1992): que contempla o tratamento de suspensão do Estado membro das atividades da Organização um governo que não surja de um processo democrático ou que seja instituído através da força.

4. Carta Democrática Interamericana (2001): A CDI se tornou o principal instrumento da OEA para reforçar a democracia na

região. Além disso, desempenhou um papel crucial nas missões de observação eleitoral, estabelecendo explicitamente seu propósito instrumental no Capítulo V da CDI.

Mesmo que a Carta tenha sido aprovada com consenso é importante destacar que ela não é vista como uma fonte clara de obrigação jurídica coerciva, uma vez que nem todos os Estados membros seguem o mesmo método eleitoral ou sistema político. Ou seja, é uma regulamentação com grande força política e complexa obrigação jurídica.

No contexto da democracia representativa, não há sistema político ou método eleitoral que seja igualmente adequado para todas as nações e seus povos e os esforços da comunidade internacional para reforçar a eficácia do princípio de que a realização de eleições genuínas e episódicas não deva pôr em dúvida o direito soberano de cada Estado de eleger e desenvolver seus sistemas políticos, sociais e culturais livremente, se eles são ou não para a conexão de outros Estados (Cooper; Legler, 2006, p. 29, tradução nossa).

Portanto, é presente na OEA uma construtiva evolutiva de normativas em promoção e defesa a democracia representativa, que apesar das complexidades aliadas as diferenças entre os Estados membros, a busca pela democracia é colocada em primeiro plano. Entretanto, a organização já esteve envolvida em certas crises dentro do continente, como veremos a seguir.

1.3.   OEA E AS CRISES POLÍTICAS:

A OEA enfrenta restrições no que diz respeito à intervenção nos Estados, o que significa que regular e controlar eficazmente o comportamento dos Estados membros é um desafio desde a formação da organização. Isso ocorre devido à limitação da organização em impor obrigações aos Estados membros e garantir o cumprimento das regras estabelecidas na OEA. Em termos simples, a organização regional depende da vontade, interesses e da habilidade persuasiva e coercitiva dos Estados em situação de crise, bem como da comunidade internacional, para fazer cumprir suas disposições. Ou seja, tanto as missões especiais quanto a assistência em crises políticas devem ser iniciadas pelo Estado em crise ou solicitadas por ele. Caso ocorra a intervenção sem a solicitação do Estado em crise o campo de ação da instituição fica bastante fragilizado. Esse foi o caso de Honduras (2009).

1.4. CASO HONDURAS:

Em junho de 2009 Honduras foi vítima de um golpe militar, quando o então presidente eleito Manuela Zelaya foi deposto de seu cargo e forçado ao exílio sob a justificativa de que o então presidente teria a pretensão de mudar a Constituição do país e instituir a reeleição. Diante do acontecido, de acordo com a CDI (2001), o Conselho Permanente da OEA desaprovou os acontecimentos no país e convocou uma sessão extraordinária da Assembleia Geral, que também condenou os fatos contra a ordem democrática em Honduras e exigiu o retorno do presidente Zelaya às suas funções. O regime instituído do golpe se recusou a cumprir com as disposições da Assembleia e por consequência o orgão suspendeu o país do exercício de seu direito de participar da organização regional.

O então Secretário-Geral da OEA, Insulza, afirmou que todas as possíveis sanções, incluindo medidas econômicas e políticas, haviam sido aplicadas a Honduras devido ao golpe político que ocorreu. E após as sanções não terem o resultado planejado, Insulza decidiu que a OEA devia voltar a apoiar Honduras, através do diálogo político e diplomático, em vez de impor mais sanções. O Secretário ressaltou que as sanções econômicas estavam prejudicando a população de Honduras e não estavam resolvendo a crise. Portanto, ele enfatizou a importância de retornar ao apoio ao país por meio do diálogo, em vez de confiar apenas em sanções econômicas. Após anos de acompanhamento por parte da OEA, os processos que ocorriam dentro de Honduras para o fim do regime em 2011 e a volta de Zenlaya ao país, Honduras volta a instituição em junho de 2009.

1.5.   CASO DE CUBA:

Durante a Guerra Fria, a bipolaridade reforçou a posição hegemônica dos Estados Unidos no continente americano. E com a revolução cubana e o caráter político revolucionário dela, preocupou a perda da área de influência dos EUA, o que acabou reforçando a preocupação dos países vizinhos a Cuba. A expulsão de Cuba da OEA e da Junta Interamericana de Defesa em 1962, a Conferência de Punta Del Este foi organizada sob os auspícios do TIAR, com o objetivo de analisar supostas ameaças à paz e independência política no continente devido às ações do governo cubano e ao alinhamento dos irmãos Castro ao marxismo-leninismo.

Em 2009, a OEA suspendeu a resolução de 1962 que excluía Cuba, permitindo que a ilha caribenha voltasse a fazer parte das atividades da organização, embora não tenha sido um retorno completo. Cuba, no entanto, expressou desinteresse em se reintegrar totalmente à OEA, citando a história conflituosa e considerando que a organização mantinha traços de influência norte-americana. As relações entre Cuba e a OEA continuaram complexas, com Cuba frequentemente expressando críticas à organização por considerá-la influenciada pelos interesses dos Estados Unidos. O país tem preferido buscar laços bilaterais e cooperação com outros países e organizações, mantendo uma postura independente.

1.6.   OEA E O FUTURO:

As modificações estruturais verificadas no fim do século XX e início do XXI teriam, contudo, construíram novas roupagens a velhos problemas, em uma alteração qualitativa que trouxe um novo termo chamado "novas ameaças". Essas "novas ameaças" referem-se á;

> 1. Ameaças militares: Isso inclui ameaças que envolvem possíveis conflitos entre Estados ou grupos políticos insurgentes. O terrorismo também pode ser considerado uma ameaça militar se representar uma ameaça direta à sobrevivência de um

Estado. Em outros casos, o terrorismo pode estar mais ligado à comunidade de inteligência do que às Forças Armadas.

2. Ameaças não-militares: Essas ameaças estão relacionadas principalmente à segurança pública e ao terrorismo internacional. O terrorismo é um elemento significativo nessa categoria e está intimamente ligado à área de inteligência.

3. Desafios estruturais: Esses são desafios que não são diretamente relacionados a ameaças militares ou de segurança, mas que podem ter um impacto indireto sobre elas. Isso inclui questões como pobreza, meio ambiente e desastres naturais, que podem afetar a estabilidade de uma região e criar condições propícias para conflitos ou ameaças à segurança.

Desse modo, pode-se perceber a complexidade desses elementos, o que torna quase impossível um mecanismo internacional, de forma isolada, enfrentá-los, ainda que fosse modernizado ou reformado. Apenas entidades amplas, como Estados ou organizações internacionais (não um de seus órgãos ou instrumentos legais isoladamente), possuem a capacidade e legitimidade para abordar todas essas dimensões. Tal questão levanta o novo tema das implementações e da operacionalização dos mecanismos de segurança pelos Estados e organizações internacionais no combate às novas ameaças.

2. EM RESUMO:

Desse modo, a OEA vem em um processo crescente de organização, que busca continuamente a melhora no quadro político do continente americano. No que diz respeito à América Latina, ao longo das décadas, a OEA desempenhou um papel importante na promoção da democracia, direitos humanos e desenvolvimento econômico. No entanto, também enfrentou críticas por ser percebida como influenciada pelos interesses dos Estados Unidos e por não conseguir resolver crises políticas de maneira eficaz. Mas que ano após ano cresce burocraticamente para combater e garantir a segurança de seus Estados membros.

3. MERCOSUL

O Mercado Comum do Sul (MERCOSUL) é um processo de integração regional conformado inicialmente pela Argentina, Brasil, Paraguai e Uruguai ao qual recentemente incorporaram-se a Venezuela* e a Bolívia, esta última em processo de adesão. Resultado de negociações que surgiram na década de 80 entre os presidentes José Sarney e Raul Alfonsin, que conversavam sobre um projeto de integração entre Brasil e Argentina.

Os idiomas oficiais do Mercosul são o espanhol e o português. A versão oficial dos documentos de trabalho será a do idioma do país sede de cada reunião. Desde 2006, através da Decisão CMC N° 35/06, foi incorporado o Guarani como um dos idiomas do bloco.

O Mercosul é um processo aberto e dinâmico. Desde seus inícios o Mercosul promove como alicerces da integração os princípios de Democracia e de Desenvolvimento Econômico, impulsionando uma integração com rosto humano. Em linha com esses princípios, acrescentaram-se diferentes acordos em matéria migratória, trabalhista, cultural, social, entre tantos outros a salientar, os quais resultam de suma importância para seus habitantes.

Em meio aos seus objetivos, estão:

1. A livre circulação de bens, serviços e fatores produtivos entre os países, através, entre outros, da eliminação dos direitos alfandegários e restrições não-tarifárias á circulação de mercadorias e de qualquer outra medida de efeito equivalente

2. O estabelecimento de uma tarifa externa comum e a adoção de uma política comercial comum em relação a terceiros Estados ou agrupamentos de Estados e a coordenação de posições em foros econômico-comerciais regionais e internacionais.

3. A coordenação de políticas macroeconômicas e setoriais entre os Estados Partes – de comércio exterior, agrícola, industrial, fiscal, monetária, cambial e de capitais, de serviços, alfandegária, de transportes e comunicações e outras que se acordem -, a fim de assegurar condições adequadas de

concorrência entre os Estados Partes.

O compromisso dos Estados Partes de harmonizar suas legislações, nas áreas pertinentes, para lograr o fortalecimento do processo de integração.

3.1. ESTRUTURA DO MERCOSUL:

Pela estrutura orgânica definida pelo Protocolo de Ouro Preto, o MERCOSUL conta com três órgãos com capacidade decisória: o Conselho do Mercado Comum, o Grupo Mercado Comum e a Comissão de Comércio do MERCOSUL.

De modo mais específico:

1. Conselho do Mercado Comum: Decisões gerais e políticas.
2. Grupo Mercado Comum: Coordenação da implementação das diretrizes.
3. Comissão de Comércio: Supervisão das normas comerciais.
4. Comissão Parlamentar Conjunta: Representação parlamentar e pareceres.
5. Foro Consultivo Econômico Social: Consultas e recomendações sociais e econômicas.
6. Secretaria do MERCOSUL: Suporte administrativo e implementação.

3.2. MERCOSUL ALÉM DA ECONOMIA:

A década de 80 foi marcada pelo fim de regimes

militares e a adesão de países ao sistema democrático. Em 1985, com a democracia formal restaurada, os presidentes do Brasil e da Argentina, José Sarney e Raúl Alfonsín, assinaram a Declaração de Iguaçu, o mais importante antecedente do Mercosul. O documento concretizou a aproximação entre os dois países após anos diante de um regime militar e diversos conflitos. A Declaração mostrou significativa importância, uma vez que contribuiu para consolidar a agenda democrática de ambos os países. No contexto do Mercosul e do regionalismo aberto, os governos do Brasil e Argentina se preocuparam com a democracia, além dos aspectos econômicos. Para garantir a legitimidade, incluíram representantes da sociedade civil na formação do bloco. Embora o termo "democracia" fosse enfatizado em discursos oficiais, não foi explicitamente inserido nos primeiros tratados de integração, como o Tratado de Assunção (1991). No entanto, a atenção à democracia refletiu a busca por um processo de integração legítimo e representativo das nações envolvidas. Mesmo com a instabilidade dos governos latinos, a adesão e criação de blocos regionais reduzem as incertezas dos Estados em relação aos demais, o que gera estruturas regionais que acabam por influenciar a atitude dos Estados como reflexo das regras, normas e convenções no objetivo da estrutura institucional da integração.

O Mercosul reagiu prontamente nas crises de 1996, 1999 e 2012 no Paraguai, e no processo de adesão da Venezuela. Apesar do Protocolo de Ushuaia não estar em vigor em 1996 e 1999, o Mercosul abordou a condicionalidade democrática nesses momentos, especialmente por meio de Declarações Presidenciais. A crise de 2012 foi mais complexa, porém, o Protocolo de

Ushuaia foi formalmente implementado e a participação do Paraguai nos órgãos do Mercosul foi suspensa até as novas eleições, realizadas em agosto de 2013. Isso demonstrou a evolução da aplicação das medidas previstas no Protocolo ao longo do tempo.

O início do século XXI foi marcado por um grande período de desenvolvimento, para um modelo de integração político e social mais abrangente e que teve como eixos o desenvolvimento social, autonomia e inclusão social. Que pode ser avaliado como resultado das séries de medidas, instituições, políticas e regulamentações sobre o bloco.

3.3. NORMAS E INSTRUMENTOS REGIONAIS DEMOCRÁTICOS NO MERCOSUL:

Dentro do bloco existem normas que garantem o caráter democrático entre os países membros, dentre eles existem o

1. Protocolo de Ushuaia que atribui força de norma à cláusula democrática e suspende os direitos e obrigações dos Estados membros que não respeitem os preceitos democráticos,
2. Protocolo de Montevidéu sobre Democracia que apesar de ter sido concluído, não entrou em vigor que além de reafirmar a Ushuaia I deve ser implementado não somente em caso de ruptura democrática, mas também em caso de ameaça de ruptura e violação da

    ordem constitucional.

3. Protocolo de Direitos Humanos que prevê a suspensão da parte que ferir ou violar os Direitos Humanos e liberdades fundamentais.

Prevista primeiramente no Protocolo de Ushuaia, a Cláusula Democrática do Mercosul trata-se da norma fundamental do bloco. O fundamento da cláusula decorre da premissa de que o pleno funcionamento das instituições democráticas constitui a estimativa para a entrada e permanência de países no bloco. Entretanto, discussões em torno da cláusula são frequentes, uma vez que não define qual a democracia a ser observada.

"Nesse sentido, estabeleceu-se a cooperação mútua para a promoção e a proteção efetiva dos direitos humanos e liberdades fundamentais por meio dos mecanismos institucionais estabelecidos no MERCOSUL [...] Dessa forma, o projeto de integração trouxe benefícios tangíveis e intangíveis à região, que se tornou mais democrática, estável, cooperativa, integrada e próspera. A criação do MERCOSUL significou transformar a região em uma zona de paz, onde a defesa da democracia e dos direitos humanos são pilares fundamentais." (MERCOSUL, 2021).

4. REFERÊNCIAS

Moreira, Carolina Müller, Júlia Silveira Pereira, Paolla Codignolle Souza. "A Atuação da OEA nas Crises Políticas e Democráticas na América Latina." FACULDADE DE CIÊNCIAS ECONÔMICAS: 295. Disponível em: <https://www.ufrgs.br/ufrgsmun/2021/wp-content/

uploads/2022/03/ufrgsmun-guia-2021-final-2.pdf#page=295 >.

Alexandre Fuccille, Bruno Theodoro Luciano, Regiane Nitsch Bressan. PARA ALÉM DO COMÉRCIO: MERCOSUL, DEMOCRACIA E SEGURANÇA REGIONAL. SciELO – Brasil. Disponível em: <https://doi.org/10.1590/0102-217250/112>.

Andrea Ribeiro Hoffmann. AS ORGANIZAÇÕES REGIONAIS E A PROMOÇÃO E PROTEÇÃO DA DEMOCRACIA: reflexões a partir das práticas de intervenção democrática na América do Sul. SciELO – Brasil. Disponível em: <https://doi.org/10.1590/S0103-49792016000400004>.

Freitas Lacerda, Jan Marcel de Almeida Jeane Silva. A atuação da Organização dos Estados Americanos (OEA) e de sua burocracia internacional na defesa da democracia no continente americano. Redalyc. Disponível em: <https://www.redalyc.org/journal/703/70358824035/70358824035.pdf>.

Hélio Franchini Neto. As novas ameaças e os mecanismos de segurança hemisférica no âmbito da OEA: uma avaliação. Carta Internacional. Disponível em: <https://www.cartainternacional.abri.org.br/Carta/article/view/517/269>.

Isabel Costa Leite. Os objetivos políticos da OEA: intervenção e desafios no espaço latino-americano. B Digital UFP. Disponível em: <https://bdigital.ufp.pt/bitstream/10284/2313/1/45-68.pdf>.

Grupo 6

PROTEÇÃO INTERNACIONAL DOS DIREITOS HUMANOS

Ana Carolina Rabelo Ramos (organizadora)
Lana Clisia Tenório Barbosa
Samylle Munyqui Soares Baia
Silviane Gomes Lopes
Stephanyne Dayane dos Santos Pinto

RESUMO:

O presente artigo trata da apresentação da análise da proteção internacional dos Direitos Humanos. Seu objetivo é analisar desde os primeiros contatos com o tema proposto, como o surgimento histórico, até a análise contemporânea do comportamento atual do objeto na realidade globalizada atual.

PALAVRAS-CHAVE: Direitos humanos, direito internacional, proteção internacional.

1. INTRODUÇÃO

Os Direitos Humanos são normas que reconhecem e protegem a dignidade de todos os seres humanos. Os Direitos Humanos dirigem o modo como os seres humanos individualmente vivem em sociedade e entre si, bem como sua relação com o Estado e as obrigações que o Estado tem em relação a eles, ou seja, desde 1948 com a Declaração dos Direitos Humanos, quando alguém nasce suas dignidades básicas são regidas universalmente pelos direitos humanos. Esse conjunto de normas e procedimentos são considerados indivisíveis para com o ser humano, e nelas exprimem o direito à justiça, liberdade e igualdade apenas por existir, sendo universais e aplicado para todos de forma igual e sem descriminaçao com ninguém, pois todos são iguais perante a lei.

Com isso, esse trabalho tem por objetivo explicar como surgiu e como a Proteção Internacional dos Direitos Humanos se desenvolveu ao longo dos anos até ser o que é hoje, e qual papel desempenha na sociedade internacional.

2. DIREITOS HUMANOS - HISTÓRIA

A história dos direitos humanos é complexa e enquadra diversas civilizações e períodos temporais por ser um extenso processo e construído através de momentos históricos, os primeiros resquícios da ideia de direitos humanos é na Antiguidade, basicamente quando o homem começa a viver em conjunto de outros, em que possui consciência de que viver em grupo necessita de organizações sociais.

Muito do que se conhece por direitos humanos veio, majoritariamente, a partir da Declaração da Independência dos Estados Unidos, em 1776, e da Revolução Francesa e sua Declaração dos Direitos do

Homem e do Cidadão, em 1789, onde suas principais influências foram as transformadoras ideias iluministas em ascensão na época. As ideias iluministas estavam entrelaçadas entre dois continentes devido a essa aproximação com a realidade do outro, compartilhavam da mesma revolta da falta de liberdade em governos absolutistas e a inexistência dos direitos fundamentais.

A Independência dos Estados Unidos foi um ato extremamente revolucionário, diante de diversas situações de abuso de poder, como o conjunto de leis britânicas criadas, as "Leis intoleráveis" que proibia o direito das pessoas de liberdade punia o povo devido ao acontecimento pela "Festa do Chá de Boston", onde houve a redução da liberdade política do povo e o direito de organizar reuniões privadas. O ato das 13 colônias de conquistar a independência da Inglaterra provocou uma mudança radical nas relações entre o povo e as figuras soberanas do Estado, sendo a Primeira nação do continente americano a ser independente, mudou totalmente a ideia de igualdade na prática.

Já a Revolução Francesa de 1789 também foi de extrema influência na linha do tempo até chegar na internacionalização dos direitos humanos, devido ao seu objetivo de legitimar e lutar pelos direitos fundamentais inexistentes até a época, para garantir a representação do povo e desvincular-se do antigo regime. O mundo estava passando por uma série de transformações, principalmente, porque uma nova classe social surge, a Burguesia, compartilhando ideias nunca vistas antes, expressam um discurso pautado nas ideias liberais, o liberalismo revolucionário.

Com o liberalismo burguês surge com o

esclarecimento em que o ser humano possui direitos naturais, no seu estado de natureza, ao nascer possui o direito de ser livre, mas para que goze de seus direitos naturais o Estado não pode intervir na liberdade deste indivíduo, se todos os seres são naturalmente livres significa que são todos iguais perante a lei.

Somente em 1789, com a Declaração dos Direitos do Homem e do Cidadão, as conquistas revolucionárias do povo é manifestadas e conquistadas, garantindo que todos os homens são livres, o rei tem que respeitar normas e o Estado não é controlado na mão de uma pessoa só, e surge os três poderes: Legislativo faz as leis, Executivo executa as leis e o

Judiciário julga, avalia a ordem social dos outros poderes. A Declaração de 1789 consagrou os direitos naturais da igualdade, liberdade, fraternidade, propriedade, segurança e resistência à opressão.

No século XX, no contexto da pós segunda guerra, o mundo encontra-se polarizado entre EUA e União Soviética. a desigualdade social persiste, extrema riqueza e pobreza. Após o final da 2 Guerra Mundial, devido aos horrores cometidos da época entre 1939 e 1945, em 1948 o comitê da ONU elaborou a A Declaração Universal dos Direitos Humanos, sendo a base universal dos direitos básicos para a dignidade do ser humano, saúde, educação, acesso à cultura, direitos essenciais para a dignidade.

Com isso, houve a criação de diversos organismos, como Liga das Nações e posteriormente a Organização das Nações Unidas (ONU), que compartilham do mesmo ideal de pregar a paz internacionalmente. Portanto, foi somente com a criação da Organização das Nações

Unidas (ONU) e com a DUDH, após as atrocidades cometidas na Segunda Guerra Mundial, que surge o Sistema Internacional de Proteção dos Direitos Humanos e, consequentemente, há o estabelecimento de órgãos e instâncias voltadas à proteção dos Direitos Humanos.

3. DECLARAÇÃO UNIVERSAL DOS DIREITOS HUMANOS

Após o fim da guerra, que as consequências foram mundiais, cinquenta nações, sendo o Brasil uma delas, se sensibilizaram e se reuniram na Conferência de São Francisco (1945) e assinaram a Carta das Nações Unidas, fundando a Organização das Nações Unidas (ONU). Sendo o primeiro documento a reconhecer o princípio da dignidade humana e estabelecer o caráter universal dos direitos humanos. Os objetivos dessa Carta, e da Organização como um todo, eram de estabelecer a paz mundial e a segurança internacional, urgindo para todas as nações adotarem meios pacíficos para resolver os seus conflitos, a fim de não repetirem os erros do passado e evitar uma nova guerra mundial.

Com isso, a ONU elaborou a Declaração Universal dos Direitos Humanos (DUDH), proclamada pela Assembleia Geral das Nações Unidas, em Paris, 10 de Dezembro de 1948. No qual para tornar-se um país membro da ONU, a condição é concordar e assinar o documento universal de direitos humanos, ou seja, há de adotar na realidade de todos os países participantes tudo o que diz na carta, independentemente da cultura e costumes do povo em específico, é uma constituição universal para manter a ordem internacional garantir a manutenção da segurança global.

A Declaração Universal dos Direitos Humanos é a ela que recorremos para lembrar dos direitos mais básicos que garantem vida digna a todos nós. Tais como:

> Artigo 1 – Dignidade humana, liberdade e igualdade; Artigo 2 – Direito à não discriminação; Artigo 3 – Direito à vida, à liberdade e à segurança; Artigo 4 – Direito de não ser submetido à escravidão; Artigo 5 – Direito de não ser submetido à tortura; Artigo 7 – Direito à igualdade perante a lei; Artigo 8 – Direito de acesso à justiça para violações de direitos fundamentais

> Artigo 9 – Ninguém deve sofrer detenção, prisão ou exílio por motivações tirânicas; Artigo 10 – Direito ao devido processo legal e a um julgamento justo; Artigo 13 – Direito de ir e vir dentro das fronteiras de seu país, bem como a deixar um país e retornar; Artigo 15 – Direito à nacionalidade; Artigo 19 – Direito à liberdade de opinião e expressão e dentre outros.

4. AS TRÊS VERTENTES DA PROTEÇÃO INTERNACIONAL DOS DIREITOS HUMANOS

4.1. DIREITOS HUMANOS:

Os Direitos Humanos são os direitos inerentes

a todas as pessoas, independentemente de sua nacionalidade, raça, religião, gênero, orientação sexual ou qualquer outra característica pessoal. Esses direitos são fundamentais e universais, e estão consagrados em documentos internacionais, como a Declaração Universal dos Direitos Humanos, adotada pela Assembleia Geral das Nações Unidas em 1948.

Além disso, abrange uma ampla gama de direitos e liberdades, incluindo o direito à vida, à liberdade, à igualdade, à não discriminação, à liberdade de expressão, à educação, entre outros. As organizações como a Organização das Nações Unidas (ONU), a Organização dos Estados Americanos (OEA), a União Europeia (UE) e outras desempenham um papel importante na promoção e proteção dos Direitos Humanos em todo o mundo.

4.2. DIREITO HUMANITÁRIO:

O Direito Humanitário (DIH), é um conjunto de normas legais que regulam o comportamento de partes em conflitos armados. Seu objetivo principal é proteger as pessoas que não participam diretamente das hostilidades, bem como limitar os métodos e meios de guerra.

O DIH é aplicável tanto em conflitos armados internacionais (entre Estados) quanto em conflitos armados não internacionais (guerras civis). Suas principais fontes incluem as Quatro Convenções de Genebra de 1949 e seus Protocolos Adicionais de 1977. As organizações humanitárias, como o Comitê Internacional da Cruz Vermelha (CICV) e Médicos Sem Fronteiras, desempenham um papel vital na aplicação do Direito Humanitário e na prestação de assistência humanitária em zonas de conflito.

4.3. DIREITO INTERNACIONAL DOS REFUGIADOS:

O Direito Internacional dos Refugiados refere-se a um conjunto de normas que estabelecem os direitos e obrigações dos refugiados, bem como as responsabilidades dos Estados em relação a eles. A Convenção Relativa ao Estatuto dos Refugiados de 1951 e seu Protocolo de 1967 são os principais instrumentos internacionais que definem o estatuto e os direitos dos refugiados.

A Agência das Nações Unidas para Refugiados (ACNUR) é a principal organização encarregada de proteger e ajudar os refugiados em todo o mundo. Ela trabalha em estreita colaboração com os Estados para encontrar soluções duradouras para a situação dos refugiados, seja através do repatriamento, reassentamento ou integração local.

Portanto, as três vertentes da Proteção Internacional dos Direitos Humanos desempenham papéis cruciais na garantia de que os direitos fundamentais de todas as pessoas sejam respeitados, independentemente das circunstâncias em que se encontram, seja em tempo de paz, conflito armado ou como refugiados em busca de proteção.

5. PROTEÇÃO INTERNACIONAL DOS DIREITOS HUMANOS E SUAS APLICABILIDADES

A Organização das Nações Unidas (ONU), foi criada durante a emergência da proteção dos direitos fundamentais do homem, no decorrer da Segunda Guerra Mundial. Segundo LEWANDOWSKI (1984), Os países signatários dessa Organização declaram-se, no preâmbulo da Carta das Nações Unidas, resolvidos a preservar as próximas gerações dos horrores das guerras, e reafirmam sua fé nos direitos fundamentais do homem, na dignidade e no valor do ser humano.

Desse modo, forma-se o sistema normativo global de proteção dos direitos humanos no âmbito das Nações Unidas. Juntamente com outros dispositivos que pudessem alcançar de modo geral esse sistema é composto por outros instrumentos, como os Pactos Internacionais de Direitos Civis e Políticos, e de Direitos Econômicos, Sociais e Culturais de 1966.

Assim como, as Convenções Internacionais que buscam responder a determinadas violações de direitos humanos, como a tortura, a discriminação contra as mulheres, a violação dos direitos das crianças, dentre outras formas de violação, que tem alcance mais específicos. Por conseguinte, o Direito Internacional começa a atuar na promoção e proteção dos direitos humanos, e incentiva a criação de sistemas regionais de proteção desses direitos.

5.1. PACTO DOS DIREITOS CIVIS E POLÍTICOS

O Pacto Internacional sobre Direitos Civis e Políticos (PIDCP), é um tratado internacional adotado pela Assembleia Geral das Nações Unidas em 16 de dezembro de 1966. Ele entrou em vigor em 23 de março de 1976, após ser ratificado por um número suficiente de países. Faz parte de um conjunto de tratados internacionais conhecidos como Pactos Internacionais de Direitos Humanos, juntamente com o Pacto Internacional sobre Direitos Econômicos, Sociais e Culturais (PIDESC).

Juntos, esses dois pactos formam a base legal dos direitos humanos reconhecidos internacionalmente. Desse modo, incorporam à Declaração Universal uma nova série de direitos a serem tutelados, estipulando a obrigação de os Estados-Membros assegurar a sua imediata aplicabilidade aos indivíduos sobre sua jurisdição. Esse pacto estabelece uma série de direitos civis e políticos fundamentais que devem ser respeitados pelos Estados que são partes do tratado. Como Direito à vida, Liberdade de pensamento, Direito a um julgamento justo, Proibição de tortura e tratamento desumano e dentre outros direito.

Além disso, o Comitê de Direitos Humanos das Nações Unidas é responsável por monitorar a implementação do PIDCP pelos Estados partes e examinar relatórios periódicos apresentados por esses Estados sobre seu cumprimento das disposições do pacto. Isso ajuda a garantir que os direitos civis e políticos sejam efetivamente respeitados em todo o mundo.

5.2. PACTO INTERNACIONAL DOS DIREITOS ECONÔMICOS, SOCIAIS E CULTURAIS

O Pacto Internacional sobre Direitos Econômicos,

Sociais e Culturais (PIDESC), como já mencionado, é um tratado internacional adotado pela Assembleia Geral das Nações Unidas em 16 de dezembro de 1966. é um dos dois Pactos Internacionais de Direitos Humanos fundamentais, juntamente com o Pacto Internacional sobre Direitos Civis e Políticos (PIDCP). Diferente do PIDCP que se concentra em direitos civis e políticos, o PIDESC abrange uma ampla gama de direitos econômicos, sociais e culturais. Esses direitos são considerados igualmente importantes na promoção da dignidade humana e no bem-estar das pessoas. Como exemplo: Direito à saúde, Direito à educação, Direito à cultura e dentre outros.

6. SISTEMA INTERNACIONAL DOS DIREITOS HUMANOS: GLOBAL E REGIONAL

O Sistema Internacional de Proteção dos Direitos Humanos não opera somente no âmbito global, mas também no âmbito regional, por meio da reunião de países de um determinado continente. São os chamados Sistemas Regionais de Proteção dos Direitos Humanos, que têm como função defender e proteger juridicamente os Direitos Humanos previstos em acordos internacionais nos países que fazem parte do sistema.

O continente americano possui o seu próprio sistema, denominado de Sistema Interamericano de Direitos Humanos (SIDH), responsável por tutelar os países membros da Organização dos Estados Americanos (OEA), como o Brasil. Todos os Sistemas Regionais de Proteção dos Direitos Humanos são subordinados ao

Sistema Global, ou seja, precisam respeitar e seguir a universalidade dos Direitos Humanos e todas as disposições previstas nos tratados internacionais de Direitos Humanos do sistema ONU.

6.1. COMO SURGIU O SISTEMA INTERAMERICANO?

Os Estados do continente americano se reuniram para criar, pela primeira vez, um sistema compartilhado de normas e instituições em 1889, com a realização da Conferência

Internacional Americana, em Washington D.C, nos Estados Unidos. Como resultado da Conferência, os dezoito países participantes, entre eles o Brasil, decidiram fundar a União Internacional das Repúblicas da América, que mais tarde passaria a se chamar União Pan-Americana.

O objetivo principal da União era elaborar um plano de solução de conflitos e disputas que poderiam surgir entre os Estados membros, buscando melhorar as suas comunicações e as suas relações comerciais. A Conferência ainda estabeleceu as bases jurídicas da União Pan-Americana, produzindo recomendações para a redação dos seus tratados e apresentando orientações sobre como resolver desavenças entre as nações americanas. Essas bases serviram de alicerce para o que depois viria a ser o Sistema Interamericano

Com as suas drásticas consequências das guerras mundiais, surge a necessidade de reconstrução de uma nova ordem internacional fundamentada no respeito aos Direitos Humanos. Nesse contexto, é realizada a nona Conferência Internacional Americana, em Bogotá, no ano de 1948, onde foram adotados os documentos que marcam o nascimento do Sistema Interamericano, a Declaração Americana dos Direitos e Deveres do Homem e a Carta da Organização dos Estados Americanos, criando a Organização dos Estados Americanos (OEA).

6.2.   COMO ATUA O SISTEMA INTERAMERICANO?

A Declaração Americana foi promulgada dois meses antes da Declaração Universal dos Direitos Humanos (DUDH), existindo grande similaridade entre os seus conteúdos. No seu preâmbulo, a Declaração Americana expressa que: "Todos os homens nascem livres e iguais em dignidade e direitos e, como são dotados pela natureza de razão e consciência, devem proceder fraternalmente uns para com os outros".

A Carta da OEA, por sua vez, é caracterizada por trazer aspectos e disposições gerais sobre a organização, indicando seus princípios e objetivos. Nela é estabelecida a vinculação da OEA ao sistema ONU, funcionando como um sistema regional, em que seus Estados membros devem seguir os regulamentos previstos na Carta das Nações Unidas.

O documento ainda diz que a OEA é desenvolvida para atingir uma ordem de paz e de justiça no continente, para promover a solidariedade, intensificar a colaboração e defender a soberania e a integridade territorial das nações americanas. Nesse sentido, a OEA incidiu sobre o processo de internacionalização dos sistemas jurídicos de vários países da América Latina, na busca pela garantia de que esses países respeitem os Direitos Humanos e tenham meios jurídicos para implementá-los.

O principal instrumento para isso foi a confecção e assinatura de diversos acordos multilaterais de Direitos Humanos no âmbito da OEA. Além da já citada Declaração Americana dos Direitos e Deveres do Homem, alguns dos principais tratados interamericanos de Direitos Humanos são: Convenção Americana de Direitos Humanos ou Pacto de San José (1969); Protocolo de San Salvador (1988); Protocolo à Convenção Americana de Direitos Humanos para Abolição da Pena de Morte (1990); Convenção Interamericana para Prevenir, Punir e Erradicar a Violência contra a Mulher (1994); Convenção Interamericana sobre Desaparecimentos Forçados (1994).

Dentre eles, destacamos a importância do Pacto de San José. Ele enfatiza os direitos civis e políticos dos indivíduos americanos, como por exemplo, a liberdade de expressão, a integridade pessoal e moral, o direito à vida, a proibição da servidão humana, a liberdade de consciência e a liberdade religiosa. Além de determinar as funções dos dois principais órgãos pelos quais o Sistema Interamericano opera, a Comissão Interamericana de Direitos Humanos (CIDH), que já existia desde 1959 mas não possuía um papel delimitado, e a Corte Interamericana de Direitos Humanos (Corte IDH).

Mas afinal, o sistema funciona?

Por meio dos seus principais órgãos, o Sistema Interamericano busca assegurar o cumprimento dos tratados internacionais de Direitos Humanos. A Comissão é responsável por receber petições que relatam violação de Direitos Humanos e a denúncia pode ser feita por qualquer pessoa, grupo de pessoas ou entidades não governamentais legalmente reconhecidas em um ou mais Estados membros da Organização.

Já a Corte Interamericana de Direitos Humanos, sediada em San José (Costa Rica), funciona como o órgão judicial do Sistema Interamericano, no qual os seus membros detém o título de juízes. Ao contrário da Comissão, que elabora um relatório com recomendações, a Corte é responsável por proferir uma sentença definitiva, em que os Estados são obrigados a cumpri-las internamente.

Para além da função judicial, a Corte também produz pareceres consultivos aos Estados membros da OEA, guiando os Estados com base na sua interpretação dos tratados regionais de Direitos Humanos, indicando o alcance das normas e a sua compatibilidade com as leis nacionais dos países em questão. Um exemplo prático foi o parecer consultivo OC-21/14 solicitado por Argentina, Brasil, Paraguai e Uruguai, em 2011, sobre as obrigações dos Estados em relação à migração de crianças em seus territórios.

7. OS DEMAIS SISTEMAS REGIONAIS VIGENTES NO MUNDO

Agora que já vimos sobre o sistema que nos rege, podemos analisar brevemente sobre os outros Sistemas Regionais de Proteção dos Direitos Humanos ao redor do mundo, as esferas regionais devem respeitar as disposições previstas nos tratados internacionais de Direitos Humanos do sistema ONU.

Desse modo, funcionam a partir de um modelo de prestação de contas, em que os Estados membros que não cumpram ou violem os acordos podem ser submetidos a sanções. Atualmente, além do Sistema Interamericano, há outros dois sistemas regionais em vigor: o Sistema Europeu e o Sistema Africano. Vejamos brevemente cada um deles.

7.1. O QUE É SISTEMA EUROPEU DE DIREITOS HUMANOS?

É o sistema regional de proteção de Direitos Humanos mais antigo, servindo de base para os sistemas regionais subsequentes, como o Interamericano. Surgiu no contexto da 2ª Guerra Mundial após a criação do Conselho da Europa, em 1949, que tinha como objetivo a integração política e econômica da Europa, com três diretrizes indispensáveis: Direitos Humanos, democracia e Estado de Direito.

Com isso, em 1951 há a elaboração da Convenção Europeia de Direitos Humanos e Liberdades Fundamentais (Convenção EDH), que entrou em vigor em 1953, focando em liberdades fundamentais, especialmente nos âmbitos civil e político. A Convenção EDH é um documento de assinatura obrigatória para a entrada no Conselho da Europa e foi o primeiro documento vinculante em matéria de Direitos Humanos na Europa.

7.2. E O QUE É O SISTEMA AFRICANO DE DIREITOS HUMANOS?

É o mais recente dos sistemas regionais em vigor, atuando sob a égide da União Africana (UA), que busca o desenvolvimento socioeconômico dos Estados membros, o fortalecimento de suas soberanias e a proteção de sua integridade territorial. O seu principal documento é a Carta Africana de Direitos Humanos e dos Povos (Carta de Banjul), aprovada pela Assembleia da então Organização da Unidade Africana (OUA) em 1981 e em vigor desde 1986.

A Carta trabalha com a ideia da indivisibilidade dos direitos, tratando em igual medida os direitos econômicos, sociais e ambientais dos direitos civis e políticos que abrangem os Direitos Humanos. Vale ressaltar que uma das questões centrais da Carta de Banjul é a luta contra o colonialismo e o racismo, fazendo referências diretas ao direito à independência.

8. DIREITOS HUMANOS E ÀS RELAÇÕES INTERNACIONAIS

Os direitos humanos exercem um papel fundamental nas relações internacionais, pois estão intrinsecamente ligados à dignidade e ao respeito dos indivíduos. Esses direitos são universais, inalienáveis e indivisíveis, o que significa que são aplicáveis a todas as pessoas, independentemente de sua nacionalidade, raça, religião, gênero, orientação sexual ou qualquer outra característica pessoal. As relações internacionais desempenham um papel crucial na promoção e proteção dos direitos humanos em escala global.

As relações internacionais desempenham um papel importante na promoção e proteção dos direitos humanos de várias formas, através de Diplomacia e Tratados nos quais os Estados soberanos negociam tratados e acordos internacionais que estabelecem padrões para a proteção dos direitos humanos. Isso inclui tratados como o Pacto Internacional de Direitos Civis e Políticos e o Pacto Internacional de Direitos Econômicos, Sociais e Culturais, ambas as Nações Unidas.

Assim como através das Organizações Internacionais, das Resoluções e Sanções do Conselho de Segurança da ONU podem adotar resoluções, Tribunais Internacionais, como o Tribunal Internacional de Justiça e o Tribunal Penal Internacional têm jurisdição sobre casos de violação de graves direitos humanos, através também, de ação humanitária, organizações não governamentais e agências humanitárias internacionais.

No entanto, apesar dos avanços na promoção dos direitos humanos nas relações internacionais, os desafios persistem. Ainda há muitos casos de denúncia de graves direitos humanos em todo o mundo, incluindo conflitos armados, discriminação, tortura e restrições à liberdade de expressão. Portanto, é fundamental que a comunidade internacional continue a trabalhar em conjunto para garantir que os direitos humanos sejam respeitados e protegidos em todos os cantos do planeta. Isso requer cooperação, diálogo e ação concertada entre os Estados, organizações internacionais, sociedade civil e indivíduos, em prol de um mundo mais justo e igualitário.

9. REFERÊNCIAS

CADEMARTORI, Luiz Henrique Urquhart; SANTOS, Priscilla Camargo. A interdependência complexa e a questão dos Direitos Humanos no contexto das relações internacionais. Revista Brasileira de Direito, v. 12, n. 2, p. 71-81, 2016. Disponível em: <https://dialnet.unirioja.es/servlet/articulo?codigo=5776428> Acesso em: 30 Agosto, 2023.

DE OLIVEIRA MAZZUOLI, Valerio. Direitos humanos e relações internacionais. Meridiano 47-Journal of Global Studies, v. 2, n. 10\12, p.26-27, 2001. Disponível em: <https://periodicos.unb.br/index.php/MED/article/download/901/778> Acesso em: 31 Agosto, 2023.

GUERRA, Sidney. A proteção internacional dos direitos humanos no âmbito da Corte Interamericana e o controle de convencionalidade. Nomos: Revista do Programa de Pós-Graduação em Direito da UFC, v. 32, n. 2, 2012. Disponível em: <http://www.periodicos.ufc.br/nomos/article/view/365/347> Acesso em: 25 Agosto, 2023.

MANDUCA, Paulo César. Panorama dos Direitos Humanos nas Relações Internacionais. In: Anais do XIV Congresso Nacional do CONPEDI. Florianópolis: Fundação Boiteux. 2006. Disponível em: <http://www.publicadireito.com.br/conpedi/manaus/arquivos/anais/bh/paulo_cesar_manduca.pdf> Acesso em: 30 Agosto, 2023.

ORGANIZAÇÃO DAS NAÇÕES UNIDAS. Declaração Universal dos Direitos Humanos, 1948. Disponível em: <https://www.unicef.org/brazil/declaracao-universal-dos-direitos-humanos>. Acesso em: 20 agosto. 2023.

POLITIZE. Tratados Internacionais de DireitosHumanos. Disponível em: <https://www.politize.com.br/equidade/blogpost/tratados-internacionais-de-direitos-humanos/>. Acesso em 9 Setembro, 2023.

POLITIZE. História dos Direitos Humanos,

disponível em: <https://www.politize.com.br/equidade/blogpost/historia-dos-direitos-humanos/>. Acesso em: 30 Agosto, 2023.

UNICEF. O que são os Direitos Humanos Disponível. Disponível em: <https://www.unicef.org/brazil/o-que-sao-direitos-humanos>. Acesso em: 9 Setembro.2023.

UNICEF. Carta das Nações Unidas. Disponível em: <https://www.unicef.org/brazil/carta-das-nacoes-unidas> Acesso em: 25 Agosto, 2023. https://www.politize.com.br/equidade/blogpost/sistemas-regionais-de-direitos-humanos/

Grupo 6

REFUGIADOS AMBIENTAIS

Maria Eduarda Mendes Barros (organizadora)
Andreza Raissa Costa Dinelly
João Vítor Gomes Gonçalves
Maria Júlia Hygino Ribeiro
Suzana Moraes Vilhena

1. INTRODUÇÃO

Diante da instabilidade climática e das catástrofes ambientais recorrentes hodiernamente, milhões de pessoas saem dos seus países de origem em busca de uma melhor qualidade de vida. Entretanto, ao chegar no destino desejado, barreiras judiciais se mostram presentes e as impedem de serem acolhidas.

É fundamental estabelecer acordos globais que garantam a proteção e os direitos dessas pessoas deslocadas. Essa realidade mostra a vulnerabilidade dos programas internacionais que promovem a dignidade da pessoa humana e não conseguem efetivá-la, permitindo que milhões de famílias vivam em condições degradantes e até mesmo que corram riscos de vida ao não serem acolhidas pelos países que desejaram dar início a uma nova vida.

Vale mencionar as questões socioeconômicas que os países de destino enfrentarão ao aceitar ou não esses refugiados, uma vez que esses países não enfrentarão apenas preocupações ambientais, mas também implicações humanitárias e de desenvolvimento.

2. VULNERABILIDADE E O RISCO SOCIAL

A vulnerabilidade e o risco, mais do que o perigo em si, são conceitos fundamentais para compreender como as mudanças ambientais, sejam elas de alcance local ou global, têm impactado a relação entre o ser humano e o seu ambiente. A vulnerabilidade representa o nível de susceptibilidade de um sistema a perturbações que possam afetar o seu equilíbrio, juntamente com a sua capacidade de reagir diante dessas circunstâncias (BIRKMAN, 2006)

Portanto, é correto afirmar que a relação socioambiental apresenta influência direta na análise de vulnerabilidade e de risco, pois é através da ação antrópica na natureza que surge o desequilíbrio ambiental e, por conseguinte, as tragédias ambientais que obrigam os cidadãos a saírem do seu país de residência e buscarem um ambiente que garanta-os uma sadia qualidade de vida.

Sobre os efeitos antrópicos sobre o meio ambiente, deve-se considerar muito mais do que o aumento demográfico, mas também a maneira como as pessoas exercem influência, interagem e provocam alterações no meio ambiente natural. Ou seja, a influência da pressão populacional sobre o meio ambiente dependerá se o uso da natureza é benéfico ou prejudicial. Portanto, a sustentabilidade é um tema crucial para prevenir desequilíbrios ecológicos.

Para compreender como as necessidades humanas influenciam negativamente no meio ambiente, é válido citar o pensamento do geógrafo brasileiro Maurício Waldman, o qual diz que as cidades são "o grande ambiente de risco da humanidade" (2006, p. 181). Isso ocorre porque as criações humanas projetadas para atender às crescentes demandas tecnológicas tendem a concentrar, em determinadas áreas geográficas, pessoas, máquinas, recursos naturais e fontes de energia, muitas vezes em detrimento do meio ambiente.

Essas áreas urbanas, como centros de alta densidade populacional, crescimento econômico e consumo, tendem a esgotar os recursos naturais, causando consideráveis destruições de florestas nativas. Conforme a população cresce e, com ela, a demanda por expansão urbana, essas cidades se veem cada vez mais dependentes de fontes de energia localizadas fora de suas fronteiras geográficas. Além disso, enfrentam desafios significativos na gestão adequada dos resíduos sólidos e líquidos que produzem (WALDMAN, 2006).

Assim, os indivíduos e grupos que precisam abandonar temporária ou definitivamente seus locais de origem ou de residência pressionados por causas ambientais têm sido denominados genericamente de "refugiados ambientais" (ACNUR).

3. IMPACTOS SOCIAIS, ECONÔMICOS E POLÍTICOS

O aumento das migrações induzidas por causas ambientais é evidente, paralelamente à crescente crise ambiental global. Alguns países, especialmente pequenos Estados insulares como Kiribati, Maldivas e Tuvalu, estão enfrentando o desaparecimento gradual de seus territórios devido à elevação do nível do mar, forçando uma migração em massa de suas populações para outros Estados.

Nesse contexto, não podemos ignorar a dimensão humana desses deslocamentos forçados causados por perturbações ambientais. Perturbações ambientais, como elevação anormal do nível do mar, mudanças extremas de temperatura, terremotos, ciclones, inundações, enchentes, erosão, desabamentos, soterramentos, destruição de florestas, desertificação, secas intensas, rompimento de barragens, acidentes nucleares e contaminação do ambiente, têm consequências sérias.

Essas questões não são apenas preocupações ambientais, mas também têm implicações humanitárias e de desenvolvimento. Elas podem afetar a paz e a segurança global, aumentando conflitos políticos, econômicos e sociais. Precisamos prestar atenção tanto à assistência humanitária aos deslocados e refugiados quanto às implicações ambientais, econômicas e políticas.

Essas perspectivas estão interligadas, uma vez que a degradação ambiental contribui para o aumento das migrações forçadas, tanto dentro dos países quanto além de suas fronteiras.

O termo "refugiados ambientais" é frequentemente

usado para descrever aqueles que são forçados a deixar suas casas devido a causas ambientais. No entanto, a definição convencional de refugiado não os abrange completamente, e há falta de consenso sobre o uso desse termo.

É urgente reconhecer o surgimento das migrações ambientais em um cenário onde os riscos ambientais globais são cada vez mais comuns, criando desafios legais que ainda não foram adequadamente abordados no Direito Internacional. Precisamos desenvolver mecanismos para proteger e apoiar aqueles afetados por essas perturbações e prevenir crises humanitárias sem precedentes.

A definição de quem pode ser considerado um "refugiado ambiental" é uma questão complexa e ainda não consensual. Isso afeta o grau de apoio e proteção que esses indivíduos recebem e a solução a longo prazo para o problema. É importante notar que as causas ambientais que levam ao deslocamento forçado são amplas e frequentemente estão relacionadas a fatores não ambientais, tornando a investigação ainda mais complicada.

Até agora, não há uma resposta clara no Direito Internacional para essa questão, seja no âmbito dos Direitos Humanos, dos Refugiados ou do Meio Ambiente. No entanto, é evidente que existe um problema a ser resolvido. A migração forçada devido a causas ambientais é um desafio global que demanda uma abordagem jurídica abrangente.

A Organização das Nações Unidas (ONU) reconhece a existência dessa categoria de "refugiados ambientais" e a necessidade de assistência. Estima-se que até 2050 poderá haver 200 milhões de pessoas deslocadas devido a processos de degradação e desastres ambientais, especialmente devido às mudanças climáticas. Em 2010, já havia 50 milhões de pessoas nessa condição, superando o número de refugiados tradicionais causados por conflitos.

No entanto, apesar dos dados alarmantes, essa categoria de refugiados ainda não é plenamente reconhecida pelo Direito Internacional. A resistência à inclusão do meio ambiente como uma fonte de "perseguição" nas convenções existentes persiste, com o argumento de que as pessoas afetadas podem buscar amparo de seus próprios governos.

O Brasil também enfrenta desafios nessa questão, já que muitas cidades não estão preparadas para lidar com eventos ambientais extremos, como as inundações e desabamentos ocorridos em Santa Catarina em 2008. Esses eventos destacam a necessidade de preparação para as múltiplas dimensões de crises ambientais globais.

A presença de "refugiados ambientais" em todo o mundo é inegável e tem levado a flagrantes violações dos direitos humanos, especialmente o direito a uma ordem social e internacional que garanta esses direitos a todos, sem distinção. Isso ocorre diretamente devido à falta de clareza jurídica sobre essa questão. A resposta a esse problema não se limita à assistência humanitária.

Tanto a Convenção relativa ao Estatuto dos Refugiados, que não inclui um mandato ambiental, quanto a Convenção sobre Mudança Climática, que não se concentra na proteção dessa nova categoria de pessoas ou na restauração ecológica, têm limitações em lidar com as novas situações jurídicas resultantes do reconhecimento dos "refugiados ambientais".

Portanto, a adoção de uma convenção internacional específica, cuidadosamente elaborada para tratar da categoria emergente dos "refugiados ambientais", parece ser a melhor maneira de garantir uma proteção abrangente dos direitos humanos envolvidos, bem como assistência humanitária e restauração do meio ambiente para todos aqueles obrigados a deixar seus locais de origem devido à deterioração do ambiente.

Essa convenção também deve abranger estratégias de prevenção e adaptação para lidar com os efeitos adversos da degradação ambiental causada por fatores naturais e humanos.

Somente uma definição jurídica ampla de "refugiados ambientais", cobrindo deslocamentos forçados internos e externos, pode garantir padrões mínimos e unificados de proteção global às pessoas e grupos gravemente afetados por eventos ambientais, independentemente de estarem dentro ou fora de seu país de origem. A responsabilidade pela proteção e assistência deve ser compartilhada entre os Estados afetados e a comunidade internacional como um todo.

A cooperação internacional e a participação dos "novos atores" também são fundamentais, especialmente em relação aos Estados mais sensíveis e vulneráveis às mudanças ambientais globais, que geralmente têm menos capacidade de resposta.

Como mencionado anteriormente, os custos econômicos da prevenção sempre existirão, mas são infinitamente menores do que os custos das perdas humanas e materiais, bem como da assistência às vítimas e da reconstrução ambiental.

A falta de preparação e controle representa uma ameaça maior à segurança global, dada a ausência de uma resposta internacional rápida e minimamente organizada para lidar com esses novos desafios.

4. DESAFIOS JURÍDICOS E DEFICIÊNCIAS NAS ESTRUTURAS INTERNACIONAIS

A conhecida Declaração Universal dos Direitos Humanos, de 1945, da ONU, foi um grande marco na internacionalização dos direitos humanos básicos, essenciais à dignidade humana. Nela, estão presentes direitos de primeira geração (direitos civis e políticos), como a vida e o voto e direitos de segunda geração (sociais), como a saúde e educação.

Todavia, devido às atrocidades deixadas pelas duas guerras mundiais, em especial a Segunda Guerra Mundial, o direito ao meio ambiente ecologicamente equilibrado não foi o foco da época em que foi promulgada a DUDH (Declaração Universal dos Direitos Humanos), sendo "deixado de lado", dando palco para a proteção da Dignidade da Pessoa Humana, como fundamento central da referida declaração.

Nesse sentido, a Carta Magna dos Direitos Humanos não tratou de temas de terceira geração (direitos difusos e coletivos), como o direito ao meio ambiente sadio. A gênese da proteção jurídica internacional do meio ambiente decorreu-se na Conferência de Estocolmo das Nações Unidas sobre o Meio Ambiente, ocorrida em 1972, a qual foi um marco para o início do processo da garantia internacional do meio ambiente, como um meio ambiente não pertencente a um Estado Nacional só, mas sim um bem coletivo dos povos, que ultrapassa fronteiras.

A Declaração de Estocolmo de 1972 declara expressamente que:

> O homem tem o direito fundamental à liberdade, à igualdade e ao desfrute de condições de vida adequadas em um meio ambiente de qualidade tal que lhe permita levar uma vida digna e gozar de bem-estar, tendo a solene obrigação de proteger e melhorar o meio ambiente para as gerações presentes e futuras.

Como sendo o primeiro documento internacional, a declaração de Estocolmo foi pioneira na positivação dos direitos referentes ao meio ambiente. A partir de então, os Estados Nacionais passaram dar maior importância ao tema, ampliando a discussão com as demais organizações internacionais a fim de concretizar os fundamentos da Conferência.

Com o fim da Segunda Guerra Mundial, em decorrência da crescente problemática do aumento de refugiados após o conflito, a Assembleia Geral da Nações Unidas instituiu a ACNUR (Alto Comissariado das Nações Unidas para Refugiados), em 14 de dezembro de 1950, com a função de promover instrumentos internacionais para a proteção dos refugiados e supervisionar sua aplicação. Posteriormente, é criada, em 1951, a Convenção das Nações Unidas relativa ao Estatuto dos Refugiados, tratado internacional de proteção dos refugiados.

A Convenção consolida prévios instrumentos

legais internacionais relativos aos refugiados e fornece a mais compreensiva codificação dos direitos dos refugiados a nível internacional. Ela estabelece padrões básicos para o tratamento de refugiados sem, no entanto, impor limites para que os Estados possam desenvolver esse tratamento.

Nesse sentido, por não vincular os Estados, a Convenção de Refugiados, assim como muitos documentos internacionais, não oferece uma segurança jurídica esperada, tendo em vista que muitos Estados se aproveitam das lacunas do Tratado para serem omissos em relação à recepção e tratamento dos refugiados.

Por conseguinte, para a consecução dos objetivos elencados no tratado, bem como para a ampliação da proteção dos refugiados ambientais e diminuição dos efeitos climáticos incidentes sobre esse grupo social, é essencial que os Estados Nacionais, juntamente com Organismos Internacionais cooperem entre si, dialogando, e estipulando metas a serem seguidas, através de documentos que ofereçam maior segurança jurídica, vinculando os Estados, bem como, inserindo nesse processo os organismos internacionais na fiscalização das ações desses entes no plano interno.

5. MEDIDAS DE ADAPTAÇÃO E MITIGAÇÃO

As principais medidas de adaptação que podem ser tomadas para lidar com o aumento do número de refugiados ambientais envolvem a criação de abrigos temporários e programas de reassentamento em áreas mais seguras. Os abrigos temporários são essenciais para fornecer um local seguro e adequado para os refugiados ambientais, garantindo sua proteção e bem-estar durante o período de deslocamento. Além disso, os programas de reassentamento em áreas mais seguras permitem que essas pessoas encontrem um novo lar onde possam reconstruir suas vidas de forma sustentável. Essas medidas visam mitigar os impactos negativos das mudanças climáticas e proporcionar condições adequadas para a adaptação dos refugiados ambientais (SOUZA, 2021).

A mitigação das mudanças climáticas é uma medida preventiva fundamental para reduzir o número de refugiados ambientais no futuro. Isso pode ser alcançado através da redução das emissões de gases de efeito estufa, por meio da implementação de políticas e práticas que promovam a eficiência energética e a conservação dos recursos naturais. Além disso, o investimento em energias renováveis é crucial para diminuir a dependência de combustíveis fósseis, contribuindo assim para a redução das emissões e para a mitigação dos impactos das mudanças climáticas. Essas medidas têm o potencial de minimizar os riscos ambientais e, consequentemente, diminuir o número de pessoas deslocadas (VETTORASSI, AMORIM, 2021).

A necessidade de políticas internacionais mais efetivas para lidar com os refugiados ambientais é urgente. É fundamental estabelecer acordos globais que garantam a proteção e os direitos dessas pessoas deslocadas. Esses acordos devem incluir disposições específicas para a identificação, assistência e reassentamento dos refugiados ambientais, bem como para a prevenção de novos deslocamentos. Além disso, é necessário fortalecer os mecanismos de cooperação entre os países para enfrentar esse desafio global, compartilhando recursos e conhecimentos para melhorar as condições de vida dos refugiados ambientais e promover soluções sustentáveis (SILVA, 2022).

A cooperação entre países é essencial para enfrentar o desafio dos refugiados ambientais. A troca de recursos e conhecimentos pode contribuir significativamente para melhorar as condições de vida dessas pessoas deslocadas. Além disso, a cooperação internacional pode promover soluções sustentáveis para mitigar os impactos das mudanças climáticas e evitar o deslocamento forçado. Através da colaboração entre governos, organizações internacionais e sociedade civil, é possível desenvolver estratégias conjuntas que abordem as necessidades dos refugiados ambientais de forma eficaz e justa (SILVA, OLIVEIRA, 2017).

Os investimentos em infraestrutura resiliente são cruciais para proteger as comunidades vulneráveis dos impactos das mudanças climáticas. Isso envolve a construção de estruturas que possam resistir a eventos extremos, como inundações e secas, evitando assim o deslocamento forçado dessas comunidades. Além disso, a infraestrutura resiliente também pode incluir sistemas de alerta precoce e medidas de adaptação específicas para cada região afetada pelas mudanças climáticas. Esses investimentos são fundamentais para garantir a segurança e o bem-estar das comunidades vulneráveis e reduzir a necessidade de deslocamento (ANDRADE, ANGELUCCI, 2016).

A educação e conscientização pública desempenham um papel fundamental na abordagem dos problemas relacionados aos refugiados ambientais. É importante promover uma maior compreensão e empatia em relação a essas pessoas deslocadas, destacando as causas e consequências das mudanças climáticas. Através da educação, é possível sensibilizar a sociedade sobre a importância de medidas de adaptação e mitigação, incentivando a participação ativa na busca por soluções sustentáveis. Além disso, a conscientização pública pode contribuir para a criação de um ambiente favorável à implementação de políticas efetivas para lidar com os refugiados ambientais (SILVA, 2022).

Os programas de capacitação e assistência técnica são essenciais para ajudar os refugiados ambientais a se adaptarem às novas condições de vida. Fornecer-lhes habilidades e oportunidades para reconstruir suas vidas de forma sustentável é fundamental para sua reintegração social e econômica. Esses programas podem incluir treinamentos profissionais, acesso à educação formal, apoio psicossocial e assistência na busca por emprego ou empreendedorismo. Ao fornecer recursos e suporte adequados, é possível capacitar os refugiados ambientais a se tornarem agentes ativos na construção de comunidades resilientes às mudanças climáticas (ANDRADE, ANGELUCCI, 2016).

5.1. INVESTIMENTOS EM INFRAESTRUTURA RESILIENTE PARA COMUNIDADES VULNERÁVEIS.

Investimentos em infraestrutura resiliente são de extrema importância para comunidades vulneráveis, especialmente no contexto dos refugiados ambientais. Essas comunidades enfrentam desafios significativos quando se trata de infraestrutura inadequada e falta de resiliência diante das mudanças climáticas. A falta de acesso a serviços básicos, como água potável, saneamento adequado e moradias seguras, aumenta ainda mais a vulnerabilidade dessas populações (VETTORASSI, AMORIM, 2021).

A infraestrutura inadequada nessas comunidades torna-as mais suscetíveis aos impactos das mudanças climáticas, como enchentes, secas e tempestades mais intensas. Esses eventos climáticos extremos podem causar danos significativos às estruturas físicas e afetar negativamente a saúde e o bem-estar das pessoas que nelas vivem. Além disso, a falta de resiliência nessas áreas pode levar à perda de meios de subsistência e aumento da pobreza (SILVA, OLIVEIRA, 2017).

Investir em infraestrutura resiliente é uma maneira eficaz de proteger as comunidades vulneráveis contra os impactos das mudanças climáticas. Isso envolve a implementação de medidas que fortaleçam as estruturas físicas existentes e melhorem sua capacidade de resistir a eventos extremos. Por exemplo, sistemas de drenagem sustentável podem ajudar a reduzir o risco de enchentes, enquanto moradias adaptadas ao clima podem proporcionar maior segurança durante tempestades (SOUZA, 2021).

No entanto, é importante adotar uma abordagem integrada ao investir em infraestrutura resiliente para comunidades vulneráveis. Isso significa considerar não apenas aspectos físicos, como a construção de estruturas robustas, mas também aspectos sociais, econômicos e ambientais. É necessário levar em consideração as necessidades específicas das comunidades e garantir que os investimentos sejam sustentáveis e adequados às condições locais (SILVA, OLIVEIRA, 2017).

A participação ativa das comunidades vulneráveis no planejamento e implementação de projetos de infraestrutura resiliente é fundamental. Isso garante que suas necessidades e conhecimentos locais sejam levados em consideração, aumentando a eficácia e a aceitação desses projetos. Além disso, a participação das comunidades no processo decisório fortalece seu senso de pertencimento e empoderamento (SILVA, 2022).

Os investimentos em infraestrutura resiliente para comunidades vulneráveis trazem benefícios significativos a longo prazo. Além de proteger contra os impactos das mudanças climáticas, esses investimentos fortalecem a resiliência local e aumentam a capacidade adaptativa das comunidades. Isso significa que elas estarão mais preparadas para lidar com eventos extremos e reduzirão os riscos associados a eles. Além disso, esses investimentos podem impulsionar o desenvolvimento socioeconômico dessas áreas, melhorando as condições de vida das pessoas que nelas vivem (ANDRADE, ANGELUCCI, 2016).

5.2. DESENVOLVIMENTO DE POLÍTICAS DE REASSENTAMENTO E REALOCAÇÃO ADEQUADAS.

A elaboração de políticas de reassentamento e realocação adequadas para refugiados ambientais é de extrema importância diante dos desafios enfrentados por essa população vulnerável. Essas políticas têm como objetivo principal garantir a proteção e o bem-estar dos refugiados, proporcionando-lhes condições dignas de vida em novos locais. Além disso, essas políticas visam minimizar os impactos negativos causados pelos deslocamentos forçados e promover a sustentabilidade ambiental (VETTORASSI, AMORIM, 2021).

No entanto, a criação dessas políticas enfrenta diversos desafios que precisam ser considerados. Um dos principais obstáculos é a falta de recursos financeiros para implementar programas efetivos de reassentamento e realocação. A escassez de recursos limita as opções disponíveis para os governos e organizações envolvidas nesse processo, dificultando a busca por soluções adequadas (SOUZA, 2021).

Além disso, há também uma resistência política em relação ao acolhimento de refugiados ambientais. Muitas vezes, governos e comunidades locais têm receio dos impactos socioeconômicos que esses deslocamentos podem causar em seus territórios. Essa resistência pode dificultar a implementação de políticas eficazes e humanitárias, prejudicando o acesso dos refugiados a direitos básicos (ANDRADE, ANGELUCCI, 2016).

Para superar esses desafios, é fundamental envolver diferentes atores no desenvolvimento e implementação das políticas de reassentamento e realocação. Governos, organizações não governamentais e comunidades locais devem trabalhar em conjunto para garantir que as necessidades dos refugiados sejam atendidas de forma adequada e sustentável (SILVA, 2022).

Ao desenvolver essas políticas, é essencial considerar as especificidades dos refugiados ambientais. Essa população enfrenta vulnerabilidades únicas, como a perda de suas terras e meios de subsistência devido a desastres naturais ou mudanças climáticas. Portanto, as políticas devem levar em conta essas necessidades específicas, oferecendo suporte para que os refugiados possam reconstruir suas vidas em novos locais (SILVA, OLIVEIRA, 2017).

Além disso, é fundamental garantir a participação ativa dos refugiados ambientais no processo de tomada de decisão relacionado às políticas de reassentamento e realocação. Os refugiados devem ser consultados e ter voz nas discussões que afetam suas vidas, para que suas perspectivas sejam consideradas e respeitadas (VETTORASSI, AMORIM, 2021).

Para promover soluções culturalmente sensíveis e sustentáveis, é necessário promover o diálogo intercultural e interdisciplinar ao desenvolver essas políticas. A colaboração entre diferentes áreas do conhecimento e a valorização das práticas culturais locais podem contribuir para o desenvolvimento de estratégias mais eficazes e adaptadas à realidade dos refugiados ambientais (SOUZA, 2021).

5.3. IMPORTÂNCIA DE ESTRATÉGIAS DE MITIGAÇÃO DAS MUDANÇAS CLIMÁTICAS.

As mudanças climáticas têm sido apontadas como um dos principais fatores responsáveis pelo aumento do número de refugiados ambientais. A relação entre esses dois fenômenos está diretamente ligada à degradação ambiental causada pelas alterações no clima, como o aumento da temperatura média global, a intensificação de eventos climáticos extremos e o aumento do nível do mar. Essas mudanças têm impactado negativamente os recursos naturais e os meios de subsistência das populações vulneráveis, levando ao deslocamento forçado dessas pessoas (SOUZA, 2021).

A importância de estratégias de mitigação das mudanças climáticas para prevenir o deslocamento forçado de pessoas é inegável. Ao reduzir as emissões de gases de efeito estufa e adotar práticas sustentáveis, é possível minimizar os impactos das mudanças climáticas no meio ambiente e nas comunidades humanas. Além disso, investir em energias renováveis e tecnologias limpas contribui para a redução da dependência dos combustíveis fósseis, que são uma das principais fontes de emissões (ANDRADE, ANGELUCCI, 2016).

Os impactos socioeconômicos dos refugiados ambientais nas regiões receptoras são significativos. Essas populações muitas vezes chegam sem recursos financeiros ou materiais, sobrecarregando os sistemas locais de saúde, educação e assistência social. Além disso, a falta de qualificações profissionais específicas pode dificultar sua integração no mercado de trabalho local, gerando tensões sociais e econômicas (VETTORASSI, AMORIM, 2021).

A necessidade de cooperação internacional para lidar com o problema dos refugiados ambientais é fundamental. Os desafios impostos por esse fenômeno transcendem as fronteiras nacionais e exigem uma abordagem global. A cooperação entre os países, tanto no âmbito bilateral quanto multilateral, é essencial para o desenvolvimento de políticas e estratégias eficazes de proteção e assistência aos refugiados ambientais (SILVA, OLIVEIRA, 2017).

Os refugiados ambientais enfrentam diversas dificuldades, como a falta de acesso a recursos básicos, incluindo água potável, alimentos e abrigo. Além disso, muitas vezes são vítimas de discriminação e xenofobia nas regiões receptoras, o que agrava ainda mais sua situação vulnerável. Esses desafios exigem a implementação de medidas que garantam o respeito aos direitos humanos dessas pessoas e promovam sua inclusão social (SOUZA, 2021).

A importância de políticas públicas que promovam a adaptação e resiliência das comunidades vulneráveis às mudanças climáticas não pode ser subestimada. É necessário investir em infraestrutura resiliente, sistemas de alerta precoce e capacitação das comunidades para lidar com os impactos das mudanças climáticas. Além disso, é preciso promover a participação ativa das comunidades afetadas na formulação e implementação dessas políticas, garantindo sua sustentabilidade a longo prazo (ANDRADE, ANGELUCCI, 2016).

Diversas soluções podem ser adotadas para lidar com o problema dos refugiados ambientais. Investimentos em energias renováveis são fundamentais para reduzir as emissões de gases de efeito estufa e mitigar os impactos das mudanças climáticas. Além disso, a redução do desmatamento e o estabelecimento de áreas protegidas contribuem para a preservação dos ecossistemas e a manutenção dos recursos naturais. A promoção de programas de reassentamento e realocação também pode ser uma alternativa viável para garantir a segurança e o bem-estar das populações afetadas (SILVA, 2022).

6. O PAPEL DAS ORGANIZAÇÕES INTERNACIONAIS E GOVERNOS

6.1. NECESSIDADE DE LIDERANÇA GLOBAL NA

ABORDAGEM DE REFUGIADOS AMBIENTAIS

A crescente preocupação global com o aumento dos refugiados ambientais devido às mudanças climáticas e desastres naturais tem despertado a necessidade de uma liderança global na abordagem desse fenômeno. A intensificação dos eventos climáticos extremos, como furacões, enchentes e secas, tem levado ao deslocamento forçado de milhões de pessoas em todo o mundo. Esses refugiados ambientais enfrentam uma série de desafios, incluindo a perda de suas casas, meios de subsistência e acesso a serviços básicos. Diante dessa realidade, é fundamental que haja uma liderança global capaz de coordenar esforços entre organizações internacionais e governos para enfrentar essa crise humanitária (CARDOSO, 2023).

A necessidade de uma liderança global se faz presente para abordar efetivamente os desafios enfrentados pelos refugiados ambientais. A complexidade desses desafios exige ações coordenadas em nível internacional, envolvendo diferentes atores e setores da sociedade. A liderança global pode desempenhar um papel fundamental na promoção do diálogo entre os países afetados e na busca por soluções conjuntas. Além disso, essa liderança deve ser capaz de mobilizar recursos financeiros e técnicos para garantir a proteção e assistência adequadas aos refugiados ambientais (SEITENFUS, 2018).

Estabelecer políticas e estratégias globais é essencial para lidar com os refugiados ambientais. Essas políticas devem garantir a proteção dos direitos humanos dessas pessoas, incluindo o direito à vida, à segurança e à dignidade. Além disso, é necessário estabelecer mecanismos de assistência e apoio, como abrigos temporários, acesso a serviços de saúde e educação, e programas de reassentamento. A liderança global desempenha um papel fundamental na definição dessas políticas e na sua implementação efetiva (SOUZA JÚNIOR, 2016).

Promover a conscientização e o engajamento da comunidade internacional sobre a questão dos refugiados ambientais é uma tarefa crucial. Muitas vezes, esses refugiados enfrentam estigma e discriminação, o que dificulta sua integração nas comunidades receptoras. A liderança global deve trabalhar para reduzir esse estigma, por meio de campanhas de sensibilização e educação. Além disso, é importante envolver os diferentes setores da sociedade, como empresas, organizações não governamentais e instituições acadêmicas, no esforço conjunto para enfrentar essa crise humanitária (SOUZA, 2023).

Fornecer recursos financeiros adequados é fundamental para apoiar os esforços de assistência aos refugiados ambientais. Esses recursos devem ser direcionados não apenas para suprir as necessidades imediatas dessas pessoas, mas também para investimentos em infraestrutura sustentável e programas de reassentamento. A liderança global tem um papel central na mobilização desses recursos, por meio do engajamento com doadores internacionais e da promoção de parcerias público-privadas (SARAIVA, SOUZA, 2020).

Fortalecer as capacidades dos países em desenvolvimento para lidar com os desafios dos refugiados ambientais é uma prioridade. Esses países muitas vezes enfrentam limitações estruturais e financeiras para responder adequadamente a essa crise humanitária. A transferência de conhecimento e tecnologia é essencial para capacitar esses países a enfrentar os desafios dos refugiados ambientais. A liderança global pode desempenhar um papel fundamental na facilitação dessa transferência, por meio de parcerias e cooperação técnica (SOUZA, 2023).

A cooperação internacional é fundamental na abordagem dos refugiados ambientais. Os desafios enfrentados por essas pessoas são globais e transcender as fronteiras nacionais. A troca de melhores práticas e experiências entre os países é crucial para identificar soluções efetivas e promover a aprendizagem mútua. A liderança global deve incentivar essa cooperação, por meio da criação de fóruns de diálogo e do compartilhamento de informações relevantes. Somente com uma abordagem colaborativa será possível enfrentar adequadamente a crise dos refugiados ambientais (SARAIVA, SOUZA, 2020).

6.2. COOPERAÇÃO ENTRE AS NAÇÕES PARA ESTABELECER DIRETRIZES E ACORDOS MULTILATERAIS

A cooperação entre as nações para estabelecer diretrizes e acordos multilaterais desempenha um papel fundamental na promoção da paz e segurança internacionais. Através do diálogo e da negociação, os países podem encontrar soluções conjuntas para os desafios globais, como conflitos armados, terrorismo e proliferação de armas de destruição em massa. Ao estabelecer diretrizes e acordos multilaterais, as nações podem criar um ambiente propício para a resolução pacífica de disputas e a prevenção de conflitos futuros (SOUZA JÚNIOR, 2016).

No entanto, as organizações internacionais e governos enfrentam diversos desafios na busca por consensos e acordos que atendam aos interesses de todos os países envolvidos. Diferenças culturais, políticas e econômicas podem dificultar o processo de negociação e tornar difícil alcançar um acordo que seja aceitável para todas as partes. Além disso, interesses nacionais muitas vezes entram em conflito com os objetivos globais, o que pode levar a impasses nas negociações (SEITENFUS, 2018).

Para garantir a efetividade das diretrizes e acordos multilaterais estabelecidos, é necessário adotar uma abordagem colaborativa e inclusiva. Isso significa envolver todas as partes interessadas no processo de tomada de decisão, incluindo governos, organizações não governamentais, setor privado e sociedade civil. Ao promover a participação ativa de todos os atores relevantes, é possível aumentar a legitimidade dos acordos alcançados e garantir sua implementação efetiva (CARDOSO, 2023).

As organizações internacionais desempenham um papel crucial como mediadoras e facilitadoras do diálogo entre as nações. Através de sua neutralidade e expertise técnica, essas organizações podem ajudar a superar diferenças e promover a cooperação e o entendimento mútuo. Além disso, elas podem fornecer assistência técnica e financeira para apoiar a implementação dos acordos estabelecidos, fortalecendo assim sua eficácia (SEITENFUS, 2018).

É fundamental estabelecer diretrizes claras e objetivas que possam ser aplicadas de forma consistente por todos os países. Isso evita conflitos e disputas desnecessárias, pois todos os envolvidos têm uma compreensão comum das regras do jogo. Diretrizes claras também facilitam o monitoramento e a avaliação do cumprimento dos acordos, permitindo que sejam identificadas eventuais violações e tomadas medidas corretivas (SOUZA, 2023).

Para garantir o cumprimento dos compromissos assumidos pelos países envolvidos nos acordos multilaterais, é necessário criar mecanismos de monitoramento e avaliação. Esses mecanismos devem ser transparentes, imparciais e baseados em evidências científicas sólidas. Além disso, devem ser capazes de impor sanções ou outras medidas corretivas em caso de não cumprimento dos compromissos assumidos (CARDOSO, 2023).

A cooperação internacional traz uma série de benefícios para o desenvolvimento sustentável. Ao trabalhar juntos, os países podem combater problemas globais urgentes, como a proteção do meio ambiente, o combate à pobreza e a promoção da igualdade social. Através da cooperação, é possível compartilhar conhecimentos, recursos e melhores práticas, maximizando assim o impacto das ações individuais e promovendo resultados mais sustentáveis e duradouros. Além disso, a cooperação internacional fortalece as relações entre os países e contribui para a construção de um mundo mais pacífico e justo (SARAIVA, SOUZA,

2020).

6.3. AJUDA HUMANITÁRIA E APOIO À PAÍSES DE ACOLHIMENTO

A ajuda humanitária e o apoio aos países de acolhimento desempenham um papel crucial em situações de crise humanitária, como conflitos armados, desastres naturais ou epidemias. Essas ações são fundamentais para mitigar o sofrimento humano e garantir a sobrevivência das populações afetadas. Além disso, a assistência humanitária também contribui para a estabilidade regional e global, promovendo relações diplomáticas mais fortes entre os países envolvidos (SOUZA JÚNIOR, 2016).

No entanto, as organizações internacionais e governos enfrentam diversos desafios ao fornecer ajuda humanitária e apoio aos países de acolhimento. A falta de recursos financeiros é uma das principais dificuldades encontradas, pois muitas vezes os custos envolvidos na resposta humanitária são elevados. Além disso, a logística necessária para transportar suprimentos e pessoal qualificado para as áreas afetadas pode ser complexa e demorada (CARDOSO, 2023).

Para garantir uma distribuição eficiente da ajuda humanitária e do apoio aos países de acolhimento, as organizações internacionais e governos adotam diversas estratégias. A coordenação entre diferentes atores é essencial nesse processo, pois permite evitar duplicação de esforços e maximizar o impacto das intervenções. Além disso, o estabelecimento de parcerias com organizações locais e internacionais fortalece a capacidade de resposta e amplia o alcance das ações realizadas. A implementação de programas sustentáveis também é fundamental para garantir que as comunidades afetadas possam se recuperar no longo prazo (SOUZA, 2023).

A ajuda humanitária e o apoio aos países de acolhimento trazem benefícios tanto para as populações afetadas quanto para a comunidade internacional como um todo. Além de atender às necessidades básicas das pessoas em situação de crise, essas ações também contribuem para fortalecer as relações diplomáticas entre os países envolvidos. A promoção da paz e estabilidade global é outro resultado positivo, uma vez que a assistência humanitária pode ajudar a prevenir conflitos internos e reduzir a instabilidade regional (SARAIVA, SOUZA, 2020).

Por outro lado, a falta de ajuda humanitária adequada e o apoio insuficiente aos países de acolhimento podem ter impactos negativos significativos. O aumento do sofrimento humano é uma consequência direta dessa falta de assistência, pois as populações afetadas ficam desprovidas dos recursos necessários para sobreviver. Além disso, a ausência de apoio adequado pode levar ao surgimento de conflitos internos e à instabilidade regional, ampliando ainda mais o sofrimento das pessoas afetadas (SOUZA JÚNIOR, 2016).

Para melhorar a eficácia da ajuda humanitária e do apoio aos países de acolhimento, medidas podem ser tomadas pelos governos nacionais e pelas organizações internacionais. O aumento dos investimentos em infraestrutura básica é fundamental para garantir que as comunidades afetadas tenham acesso a serviços essenciais, como água potável, saneamento básico e cuidados de saúde. Além disso, a capacitação de profissionais locais é importante para fortalecer a capacidade de resposta das comunidades afetadas e promover a sustentabilidade das intervenções. A promoção da cooperação internacional também é essencial para garantir uma resposta eficaz e coordenada em situações de crise humanitária (SEITENFUS, 2018).

No futuro, as organizações internacionais e governos enfrentarão desafios ainda maiores no fornecimento de ajuda humanitária e apoio aos países de acolhimento. O aumento do número de deslocados internos e refugiados, impulsionado por conflitos armados prolongados e mudanças climáticas, exigirá uma resposta mais abrangente e sustentável. Além disso, a complexidade das crises humanitárias atuais demandará um maior envolvimento dos atores internacionais, bem como a busca por soluções inovadoras para enfrentar os desafios emergentes (SEITENFUS, 2018).

7. CONCLUSÃO

Em conclusão, a problemática dos refugiados ambientais é um desafio global que requer uma abordagem multifacetada e uma liderança global eficaz. A relação entre as mudanças climáticas, desastres naturais e o deslocamento forçado de populações vulneráveis é evidente, e suas implicações vão além das questões ambientais, afetando diretamente os direitos humanos, a segurança global e o desenvolvimento sustentável.

A compreensão da vulnerabilidade e do risco é

fundamental para abordar essa questão complexa, visto que as ações antrópicas no meio ambiente desempenham um papel central na criação de desequilíbrios ecológicos que levam ao deslocamento. A urbanização descontrolada, a exploração de recursos naturais e a falta de infraestrutura resiliente são alguns dos fatores que contribuem para a vulnerabilidade das comunidades.

A falta de consenso no Direito Internacional sobre a definição de "refugiados ambientais" e a ausência de mecanismos eficazes para proteger e apoiar essa população destacam a necessidade urgente de uma convenção internacional específica. Essa convenção deve abranger não apenas a definição clara de quem são os refugiados ambientais, mas também estratégias de prevenção, adaptação e mitigação das mudanças climáticas.

As medidas de adaptação, mitigação e investimentos em infraestrutura resiliente são fundamentais para enfrentar os desafios dos refugiados ambientais. Essas ações visam não apenas proteger as comunidades vulneráveis, mas também promover soluções sustentáveis para evitar o deslocamento forçado.

Por fim, o papel das organizações internacionais e dos governos é essencial na liderança e coordenação de esforços para enfrentar a crise dos refugiados ambientais. A conscientização pública, o engajamento da comunidade internacional e a promoção dos direitos humanos são componentes-chave dessa abordagem global.

Em suma, o problema dos refugiados ambientais exige uma resposta global unificada, que leve em consideração a interligação entre fatores ambientais, sociais, econômicos e políticos. Somente por meio da cooperação internacional e da liderança global podemos enfrentar eficazmente essa crise humanitária e garantir um futuro mais seguro e sustentável para todos.

8. REFERÊNCIAS

SEITENFUS, R. A. S. (2018). Manual das organizações internacionais. Recuperado de https:// books.google.com/books? hl=en&lr=&id=WUpWDwAAQBAJ&oi=fnd&pg=PT5&dq =Papel+das+Organiza%C3%A7%C3%B5es +Internacionais+e+Governos+na+Rela %C3%A7%C3%B5es +Internacionais&ots=jtIBKYljJc&sig=_6FXuSt-KZ7shBqDkSIwGWIvSzg

SOUZA JÚNIOR, J. M (2016). O lugar das organizações internacionais no sistema internacional: ideias, governança e transnacionalismo. Disponível em:<https://revistas.ufpr.br/conjgloblal/article/ download/49345/29540>. Acesso em:

SOUZA, P. A. A. O papel das Organizações Não Governamentais no processo internacionalização de políticas públicas: uma análise sobre a atuação do ICLEI-Governos Locais pela Disponível em: <https:// repositorio.ufpb.br/jspui/handle/123456789/27176>. Acesso em:

AMA SARAIVA, JF SOUZA. A formação docente e as organizações internacionais: uma agenda focada na performatividade dos professores e na eficácia escolar. Currículo sem Fronteiras, v. 20, n. 2, p. 532-548, 2020. Disponível em:<http://www.aesufope.com.br/ PDF/saraiva-souza.pdf>. Acesso em:

CARDOSO, Daniel (2023). Portugal e o multilateralismo: a relevância das organizações internacionais. Repositório UAL, 2023. Disponível em: <https://repositorio.ual.pt/

handle/11144/6474>. Acesso em:

ANDRADE, M. C. da S.; ANGELUCCI, P. D (2016). Refugiados ambientais: mudanças climáticas e responsabilidade internacional. Disponível em: <https://www2.ifrn.edu.br/ojs/index.php/HOLOS/article/view/4165>. Acesso em:

SILVA, M. C (2022). Refugiados Ambientais sob uma Perspectiva Crítica da Relações Internacionais e dos Direitos Humanos. Disponível em: <https://bibliotecadigital.fgv.br/dspace/bitstream/handle/10438/33489/revistacedh2022.2.pdf?sequence=1#page=6>. Acesso em:

SILVA, T.F.M.; OLIVEIRA, T.F.D (2017). A proteção dos refugiados ambientais a partir do alargamento do Regime Internacional de Proteção dos Refugiados. Conjuntura Internacional, v. 14, n. 2, p. 1-18, 2017. Disponível em: <http://periodicos.pucminas.br/index.php/conjuntura/article/view/16413>. Acesso em:

SOUZA, L. L. B (2021). Refugiados ambientais e relações internacionais: análise conceitual do refúgio ambiental aplicada aos imigrantes haitianos no Brasil entre 2010 e 2018. Disponível em: <https://dspace.unipampa.edu.br/handle/riu/5717>. Acesso em:

VETTORASSI, A.; AMORIM, O (2021). Refugiados ambientales: reflexiones sobre el concepto y retos contemporáneos. Revista de Estudios Sociales, [S.l.], v. 71, n. 1, p. 1-25, 2021. Disponível em: <https://journals.openedition.org/revestudsoc/49559>. Acesso em:

FUNDAÇÃO OSWALDO CRUZ (2014). Desastres naturais afetam saúde global com impactos maiores em grupos mais vulneráveis. Disponível em: https://portal.fiocruz.br/noticia/desastres-naturais-afetam-saude-global-com-impactos-maiores-em-grupos-mais-vulneraveis .Acesso em: 28/08/2023.

DIREITO INTERNACIONAL DO MEIO AMBIENTE

Talita Leão Malcher Ferreira (organizadora)
Andressa de Jesus Penha
Isabela Furtado da Silva
Juliely Marcely Dos Santos Vilhena
Kezia Souza de Brito

1. INTRODUÇÃO

O Direito Internacional do Meio Ambiente é o conjunto de regras e princípios que regulam a proteção da natureza na esfera internacional. Não apenas cuida dos temas que atingem vários Estados simultaneamente, tais como a poluição transfronteiriça ou as mudanças climáticas, mas também tem como objeto certos elementos de proteção da natureza no âmbito interno dos Estados. Ele se constrói, em diversos temas, no contexto da preocupação global com a proteção da natureza, independente do território onde se encontre.

2. IMPLANTAÇÃO DO DIREITO

INTERNACIONAL DO MEIO AMBIENTE

A implantação do direito internacional do meio ambiente é um processo fundamental para garantir a proteção e conservação do meio ambiente em escala global. O direito internacional do meio ambiente consiste em um conjunto de normas e princípios estabelecidos no âmbito do direito internacional que visam a promover a sustentabilidade e a preservação dos recursos naturais.

A implantação desse conjunto normativo envolve a adoção de medidas concretas pelos Estados, como a ratificação de tratados e convenções ambientais, a incorporação dessas normas em suas legislações internas, a formulação de políticas ambientais consistentes com os princípios internacionais e a cooperação entre os países para enfrentar desafios ambientais comuns.

Dessa forma, a implantação do direito internacional do meio ambiente busca traduzir em ações efetivas os compromissos assumidos pelos Estados para proteger o meio ambiente. Isso envolve a implementação de políticas de uso sustentável dos recursos naturais, a conservação da biodiversidade, a mitigação e

adaptação às mudanças climáticas, entre outros aspectos.

Além disso, a implantação do direito internacional do meio ambiente requer a fiscalização e aplicação das leis ambientais, bem como a promoção da educação e sensibilização ambiental para fomentar uma maior conscientização sobre a importância da proteção ambiental.

A implantação do direito internacional do meio ambiente envolve várias medidas, tais como:

1. Ratificação e adoção de tratados: Os estados devem ratificar tratados e convenções ambientais relevantes para torná-los vinculativos em seu território. Isso implica em transformar as obrigações contidas nos tratados em leis nacionais e em dar passos para cumpri-las.

2. Legislação nacional: Os países devem adotar legislações internas que estejam em conformidade com as obrigações e princípios estabelecidos no direito internacional do meio ambiente.

3. Implementação de políticas: Os estados devem desenvolver e implementar políticas ambientais consistentes com as normas internacionais. Isso inclui a criação de políticas de uso sustentável dos recursos naturais, políticas de conservação da biodiversidade e políticas de mitigação e adaptação às mudanças climáticas.

4. Cooperação internacional: A cooperação entre os países é essencial para a efetiva implantação do direito internacional do meio ambiente. Isso inclui o compartilhamento de informações, tecnologia e recursos financeiros para enfrentar desafios ambientais comuns.

5. Fiscalização e aplicação das leis: Os estados devem estabelecer mecanismos eficazes para monitorar a conformidade e aplicar as leis ambientais. Isso envolve a criação de agências reguladoras, a imposição de penalidades e sanções por violações e a promoção de educação e sensibilização ambiental.

Para que serve:

A implantação serve para traduzir em ações concretas os princípios e normas estabelecidos no âmbito do direito internacional com o objetivo de proteger o meio ambiente. Mais especificamente, a implantação tem como finalidades:

- Tornar vinculantes os Estados às obrigações assumidas em tratados, convenções e acordos ambientais internacionais, por meio da ratificação e incorporação dessas normas na legislação nacional.

- Assegurar a conformidade da legislação interna dos países com os princípios e diretrizes do direito internacional ambiental.

- Promover a cooperação entre os Estados no desenvolvimento e implementação de políticas públicas consistentes com as normas globais de proteção e conservação ambiental.

- Estabelecer mecanismos de fiscalização e aplicação das leis ambientais que inibam condutas lesivas ao meio ambiente e punam eventuais violações.

- Viabilizar ações conjuntas dos países para enfrentar problemas ambientais transfronteiriços ou globais, como mudanças climáticas, perda da biodiversidade, poluição dos mares etc.

- Facilitar a troca de informações e o compartilhamento de tecnologias e recursos financeiros entre os Estados para aprimorar a governança ambiental.

Portanto, em suma, a implantação do direito internacional ambiental busca transformar em ações efetivas os compromissos assumidos globalmente para assegurar a proteção do meio ambiente de forma sistêmica e coordenada entre os países.

3. PRINCIPAIS NORMAS DO DIREITO INTERNACIONAL DO MEIO AMBIENTE:

O direito internacional do meio ambiente é regido por um conjunto de normas e princípios que visam proteger e preservar o meio ambiente em âmbito global. Essas normas e princípios são fundamentais para a implementação efetiva das políticas ambientais e para a cooperação entre os Estados na busca por soluções conjuntas para os problemas ambientais.

Uma das normas mais importantes é o Protocolo de Quioto, adotado na Terceira Conferência das Partes do Estado. Este protocolo estabelece normas específicas e disposições relativas à emissão de gases de efeito estufa, buscando combater as mudanças climáticas e promover a sustentabilidade.

Outro princípio importante é o da cooperação internacional, que destaca a necessidade de colaboração entre os Estados para a preservação mais efetiva do meio ambiente. Esse princípio reconhece que os problemas ambientais não conhecem fronteiras e requerem esforços conjuntos para serem solucionados.

Algumas das principais normas do direito internacional do meio ambiente são:

1. Princípio da Precaução: Um dos princípios mais importantes do direito internacional do meio ambiente é o Princípio da Precaução. Este princípio estabelece que, quando há riscos

sérios ou irreversíveis ao meio ambiente, a falta de certeza científica não deve ser usada como justificativa para adiar a adoção de medidas para prevenir a degradação ambiental. Assim, as ações preventivas devem ser tomadas mesmo na ausência de consenso científico absoluto sobre os impactos.

2. Tratamento dado pelo Direito Internacional à flora e fauna: O tratamento dado pelo Direito Internacional à flora e fauna também é um tema relevante. O objetivo é a proteção desses elementos da biodiversidade, garantindo medidas que visem à sua conservação e uso sustentável.

3. Cooperação entre países: Os assuntos internacionais relacionados à proteção e melhoria do meio ambiente devem ser tratados com cooperação entre todos os países. Essa cooperação é fundamental para enfrentar desafios ambientais globais e buscar soluções conjuntas para a preservação do meio ambiente.

4. Direitos e deveres dos atores internacionais: O direito internacional ambiental estabelece um conjunto de normas que criam direitos e deveres para os diversos atores.

Existem diversos exemplos de abordagens bem-sucedidas na implementação do direito internacional do meio ambiente em diferentes países. Alguns desses exemplos são:

Alemanha: A Alemanha é líder na implementação de políticas ambientais e energéticas sustentáveis. O país investiu amplamente em energias renováveis, como a solar e a eólica, o que resultou em uma significativa redução nas emissões de gases de efeito estufa.

Costa Rica: A Costa Rica é reconhecida mundialmente por seu compromisso com a conservação da biodiversidade. O país possui uma extensa rede de áreas protegidas e tem implementado políticas para a preservação de seus recursos naturais, além de ter estabelecido metas ambiciosas para se tornar neutro em carbono até 2021.

Japão: O Japão tem adotado medidas voltadas para a eficiência energética e a redução das emissões de gases de efeito estufa. O país tem investido em tecnologias limpas e na promoção do uso de energias renováveis, como a solar e a eólica.

Brasil: O Brasil é um por meio de políticas de combate ao desmatamento na Amazônia. O país tem estabelecido metas de redução do desmatamento e implementado ações para o controle e monitoramento das atividades ilegais na região.

Esses são apenas alguns exemplos de abordagens bem-sucedidas na implementação do direito internacional do meio ambiente em diferentes países. Cada país adota estratégias e medidas específicas de acordo com suas necessidades e realidades locais. A cooperação entre os países e o compartilhamento de boas práticas são fundamentais para o avanço da proteção ambiental a nível global.

Em resumo, a implantação do direito internacional do meio ambiente é essencial para assegurar a harmonia entre o desenvolvimento socioeconômico e a preservação do meio ambiente, promovendo a sustentabilidade e a qualidade de vida das presentes e futuras gerações.

4. LEGISLAÇÃO AMBIENTAL NO BRASIL E SEU SURGIMENTO:

A legislação ambiental no Brasil é composta por um conjunto de leis, decretos e normas que têm como objetivo proteger e preservar o meio ambiente. O surgimento das principais leis ambientais no Brasil ocorreu em diferentes momentos e contexto históricos.

A Constituição Federal de 1988 foi um marco importante para o reconhecimento da proteção ambiental como um direito fundamental. Ela estabeleceu a competência comum entre a União, Estados e municípios para legislar sobre a proteção do meio ambiente, além de instituir princípios como o da função socioambiental da propriedade e o dever de preservar e proteger o meio ambiente para as presentes e futuras gerações.

A partir da Constituição de 1988, outros marcos legais importantes foram criados, como a Lei da Política Nacional do Meio Ambiente (Lei nº 6.938/81), que estabeleceu os princípios e diretrizes para a proteção do meio ambiente, e a Lei de Crimes Ambientais (Lei nº 9.605/98), que tipifica as condutas consideradas crimes contra o meio ambiente.

Outra legislação relevante é o Código Florestal (Lei nº 12.651/12), que estabelece as regras para a proteção das florestas e demais formas de vegetação nativa. Ele define a obrigação de preservar e recuperar as áreas de reserva legal e de preservação permanente, bem como estabelece critérios para o uso sustentável dos recursos naturais.

Além disso, existem leis específicas para a proteção de biomas e ecossistemas, como a Lei da Mata Atlântica (Lei nº 11.428/06) e a Lei da Amazônia Legal (Lei nº 12.651/12). Essas leis estabelecem medidas de proteção e uso sustentável dessas áreas, visando à conservação da biodiversidade.

Vale ressaltar que o Brasil também é signatário de acordos e convenções internacionais relacionados ao meio ambiente, como a Convenção sobre Diversidade Biológica e o Acordo de Paris, que buscam promover ações conjuntas para a proteção e preservação do meio ambiente em âmbito global.

Em suma, a legislação ambiental brasileira surgiu ao longo do tempo, sendo influenciada por diversos fatores, como demandas sociais, pressões internacionais, avanços científicos e mudanças de paradigma em relação à relação do ser humano com a natureza. Ela busca garantir a proteção, conservação e uso sustentável dos recursos naturais, visando à promoção do desenvolvimento sustentável.

Segundo Édis Milaré, realmente o meio ambiente precisa de proteção, a qual vem tentando ser realizada desde os povos mais antigos. Importante lembrar que no Genesis, há preocupação com a biodiversidade e conservação das espécies animais, havendo, inclusive, menções para a proibição do corte de árvores frutíferas, mesmo em caso de guerra.

Seguindo essa mesma linha de raciocínio, MEDINA diz que a política de desenvolvimento vigente no país à época e os acontecimentos externos aparecem na

Conferência de Estocolmo, em junho de 1972, onde o Brasil afirmou que o crescimento econômico tinha que acontecer para que ele saísse do subdesenvolvimento. Entretanto os outros países desenvolvidos tentavam impedir o crescimento desregrado, informando que o planeta não aguentaria por muitos anos a ação predatória do homem, porém, os brasileiros afirmaram que o país poderia ficar poluído porque o que importa são o desenvolvimento e os lucros.

Conforme bem salientado por Élis Milaré: Nesse evento, sabe-se, os países de terceiro mundo, liderados pelo Brasil, passaram a questionar a postura dos países ricos, que, tendo atingido pujança industrial com o uso predatório de recursos naturais, queriam agora retardar e encarecer a industrialização dos países subdesenvolvidos, impondo-lhes complexas exigências de controle ambiental. Isso, porém, levaria a que os ricos continuassem sempre ricos, e os pobres permanecessem sempre e irremediavelmente pobres. "A maior poluição é a pobreza" e "a industrialização suja é melhor do que a pobreza limpa" eram os slogans terceiro-mundistas.

Com as inúmeras críticas da comunidade internacional, o Brasil demonstrou certa flexibilidade em sua postura, uma vez que editou o Decreto 73.030, de 30.10.1973, instituindo a Secretaria Especial do Meio Ambiente (SEMA), com a finalidade de orientar uma política de conservação para o meio ambiente e o uso racional dos recursos naturais. Contudo, até nos dias atuais, as pessoas não fazem o uso racional dos recursos naturais.

5. O QUE DIZ A LEGISLAÇÃO

AMBIENTAL BRASILEIRA:

01- Constituição federal: considerada uma das mais avançadas do mundo, traz um capítulo específico sobre o ambiente que se resume ao art. 225 com seus parágrafos e incisos. Entre tantas inovações, ressalta-se a garantia de vida com qualidade para as presentes e futuras gerações.

02- Lei da Política Nacional do Meio Ambiente (Lei no 6.938/81): seu principal papel foi a sistematização de legislação ambiental no Brasil. Considerada um marco para o Direito Ambiental brasileiro, traz inúmeros princípios e diretrizes, além de ter estabelecido a responsabilidade objetiva do poluidor e ter criado o SISNAMA – Sistema Nacional do Meio Ambiente.

03- Lei dos Crimes Ambientais (Lei no 9.605/98): esta lei foi responsável pela consolidação da legislação penal ambiental, mediante a definição mais clara das infrações, uniformiza e estabelece o nível das penas, além da tentativa de uma sistematização e uniformização também dos crimes ambientais. Apesar das inúmeras críticas, pode-se destacar nesta lei a criminalização de delitos que até então eram tidos como mera contravenção e a responsabilização criminal da pessoa jurídica, ou seja, das empresas públicas ou privadas.

04- Lei da Ação Civil Pública (Lei no 7.437/85): Esta Lei, de caráter instrumental, permitiu imenso avanço na tutela jurídica do meio ambiente no Brasil. Antes de sua vigência, basicamente apenas o vizinho prejudicado poderia acionar o poluidor. A partir desta lei, não apenas o particular, mas principalmente o Ministério Público e as ONG's tornaram-se legalmente capazes de acionar os poluidores. Assim, esta lei viabilizou as chamadas ações coletivas.

6. OS ESTADOS NO DIMA

Para tratar sobre os Estados dentro do Direito Internacional do Meio Ambiente, começamos com a seguinte definição "Os Estados nacionais são dotados de soberania, isto é, exercem jurisdição o que implica no exercício de poder político e jurídico sobre os seus territórios e domínio permanente sobre os seus recursos naturais (UNITED NATIONS, 1962), tal afirmativa se refere a soberania, pressuposto base de cada Estado dentro do Direito Internacional. Contextualizando, esta delimitação surge durante o processo de descolonização das nações africanas, no anseio de assegurar que os recursos naturais permanecem dentro de seus territórios a fim de que beneficiassem suas populações, sendo posteriormente adotado pelo DIMA em diversos documentos, tais como Princípio 21 da Declaração de Estocolmo, o Princípio 2 da Declaração do Rio e o Artigo 3 da Convenção sobre Diversidade Biológica. No entanto, quando entramos no âmbito ambiental este conceito está passando por um processo de suavização, tal fato se origina no ano de 1935, quando uma fundição canadense, que encontra-se próximo à fronteira com os EUA começou a emitir dióxido de carbono, o que causou danos a plantações e florestas do país vizinho, assim os Estados Unidos entrou com um processo na Corte Arbitral que aceitou a reclamação e condenou o Canadá a pagar compensações aos EUA. Assim estabeleceu-se o conceito de responsabilidade internacional dos Estados, onde estabelece o princípio que diz "nenhum Estado tem o direito de usar ou permitir que se use o seu território de forma a causar danos a outros países ou a propriedades e/ou pessoas de terceiros estados".

Por não haver um poder global capaz de executar a imposição de responsabilidades aos Estados, adicionando disparidades econômicas, sociais e políticas dentro do sistema internacional e a desconfiança e pressão dos Estados menos desenvolvidos, as tratativas sobre a responsabilidade ambiental se tornam uma tarefa extremamente difícil e maçante. Haja visto que enquanto países emergentes colocam que as mudanças climáticas são de responsabilidade, na sua maioria, de países desenvolvidos por terem sido os principais os produtores dos gases que causam o efeito estufa na atmosfera, estes por sua vez culpabilizam os países recentemente industrializados e em processo de industrialização por serem os maiores produtores de poluentes atualmente. Além dessa discussão, precisamos ficar atentos à terceirização destas emissões, onde países desenvolvidos utilizam territórios de países emergentes para sua produção em massa. Nessa contextualização, surge dentro de acordos internacionais referentes ao meio ambiente, como no Princípio 7 da Declaração do Rio e no Art. 2 do Acordo de Paris, o conceito de *responsabilidades comuns, porém diferenciadas.*

Apesar de existir consenso de que todos dentro da comunidade internacional são responsáveis pela proteção meio ambiente, precisa-se levar em conta que apesar de todos os países serem considerados iguais, a partir do estabelecimento do princípio da soberania, nem todos têm capacidades econômicas, sociais e políticas de executar o mesmo trabalho e designar os menos recursos para recuperação e/ ou aplacamento dos danos ao meio ambiente. Assim, a países desenvolvidos cabe as maiores responsabilidades dentro desse processo, buscando estabelecer o princípio de justiça distributiva, onde cada Estado seja responsabilizado para buscar soluções na proporção que foi beneficiado com o desencadear dos problemas globais, este princípio obriga Estados com maior capacidade de recursos técnicos, financeiros e humanos a obrigação jurídica e moral para cooperar, transferindo recursos para alcançar soluções em âmbito global de forma igualitária.

7. NOVOS SUJEITOS NO DIMA

Quando falamos de sujeitos, nos vem à cabeça de forma automática as grandes nações europeias, grandes colonizadoras, detentoras de vasta influência dentro do cenário internacional e os Estados do continente americano, muito por conta dos Estados Unidos. Não por acaso, por ser uma conceituação construída nos moldes europeus, estes até meados do século XX, eram os únicos considerados Estados Nacionais, aqueles que detinham personalidade jurídica no Direito Internacional, sendo um grupo seleto para ditar os rumos da ordem internacional.

Como mencionado no tópico anterior, a importância do processo decolonial para a conceituação de soberania, as reivindicações dos Estados africanos e agora também dos asiáticos, foram primordiais para que estes fossem incorporados como novos sujeitos a comunidade internacional. Surge ainda em decorrência dos ajuntamentos dos Estados, no intuito de estabelecer diretrizes através de acordos, pactos, tratados, convenções sobre determinado assunto que os abranjam ou os interessem a criação de Organizações Internacionais para trabalharem de forma conjunta em busca de soluções, o que as tornam também sujeitos de direito no cenário internacional.

Existem três fatores que fazem com que por mais que Estados e as Organizações Internacionais, principais sujeitos no Direito Internacional, assumam um papel de coadjuvante quando se trata do Direito Internacional do Meio Ambiente. Os dois primeiros, já mencionados anteriormente, explicam porque inúmeros atores vem tomando o papel de responsáveis na construção e implementação de acordos internacionais importantes: a) os Estados Nacionais, construção europeia de um pequeno grupo para comandar a ordem internacional; b) o processo de descolonização, onde se acrescenta aos Estados Nacionais novos membros, grande parte não possuíam capacidades militar, económica e política relevantes; C) e por fim, grupos intermediários surgem devido o processo de globalização, estes com capacidades financeiras, económicas, militares e tecnológicas superiores a maioria dos Estados. Tais grupos foram fortalecidos a partir do momento em que os Estados sofrem com a diminuição de tamanho e papel quando se cria o consenso de Washington, que são um conjunto de medidas econômicas aplicadas aos Estados. Com a diminuição de seus protagonismos, houve a relativização do papel dos Estados Nacionais no contexto internacional, surgindo um novo conceito no cenário internacional.

Contudo, antes de entrar no conceito de relativização, precisamos abordar uma das características fundamentais no DIMA, o multilateralismo. Definido como "relações continuadas, de longo prazo, entre mais de três atores internacionais com o objetivo de promover a cooperação em áreas temáticas específicas baseada no compartilhamento de princípios de conduta entre seus membros, particularmente os de reciprocidade difusa, indivisibilidade e não discriminação" o multilateralismo é o que impera quando falamos das questões ambientais, por se tratar de objetos que perpassam mais de um Estado, tem-se uma grande dificuldade em se estabelecer uma politica conjunta sem que estes sujeitos sintam que sua soberania foram abaladas. Assim, como muitos Estados têm dificuldades na flexibilização de suas soberanias, o papel destes sujeitos se torna relativo, abrindo precedentes e dando oportunidades de outros atores se tornarem mais importantes para desempenhar e gerir questões ambientais.

Quando nos referimos a novos atores dentro deste contexto, falamos principalmente das Organizações Não Governamentais, que acabaram por receber poderes pertencentes à sociedade que antes os Estados tomaram para si, assim surge a ideia de governança. A Governança Global é vista "como a soma de diversas formas pelas quais indivíduos e instituições, públicas e privadas, gerenciam seus negócios comuns" assim esta abrange além dos sujeitos tradicionais a sociedade civil global, onde estão enquadrados as ONGs, militantes, povos indígenas, povos tradicionais e entre outros, estes ganharam força na segunda metade do século XX quando as relações internacionais passam por grandes mudanças especialmente no que tange o meio ambiente, em decorrência de uma série de eventos. Assim, a governança deixa de estar em nível estatal e passa a ser integrada por diversos atores da sociedade civil, empresas multinacionais e o mercado de capitais, interagindo com a mídia internacional. Esse modelo sofre muitas críticas por reconhecer poderes a entidades que não possuem a legitimidade do voto popular, desencadeado pelos movimentos nacionalistas permanecem com a ideia que os Estados estão perdendo sua soberania, para outros, seguir o modelo multilateral é a oportunidade de conseguir expressar seus anseios, muitos comuns entre países em vias de desenvolvimento sendo muitas vezes a única forma de equilibrar o poder diante das superpotências.

Quanto à legitimidade da atuação das ONGs, apesar de muitos terem a visão que estas atrasam o desenvolvimento, a Carta das Nações Unidas no seu artigo 71 estabelece que "O Conselho Econômico e Social poderá entrar nos entendimentos convenientes para a consulta com organizações não governamentais, encarregadas de questões que estiverem dentro da sua própria competência.", portanto já que há uma falta de interesse dentre os Estados na busca por conhecimento específico para tratar questões ambientais e se encontrar essa análise técnica das ONGs estas são legitimadas para tratar da temática, lembrando que estas têm que estarem de acordo com os princípios da Resolução ECOSOC 1996/31 que estabelece requisitos para que organizações não governamentais obtenham status consultivo, tais requisitos são: (1) a ONG tenha entre os seus objetivos a preocupação com os temas de competência do ECOSOC ou de seus órgãos subordinados, que (2) os objetivos e propósitos da ONG devem ser conformes ao espírito, propósitos e princípios da Carta da ONU, que (3) a ONG apoie a ação da ONU e promova o conhecimento de seus princípios e atividades, conforme os seus objetivos e área de atuação.

As ONGs têm papel fundamental, pois agem de forma independente seguindo seus interesses institucionais e corporativos e atuam principalmente em países com baixo nível de desenvolvimento, faz ser em questões sociais, econômicas, tecnológicas, ou seja, onde a carência do estado.

8. CAPITALISMO E RELAÇÕES SOCIOECONÔMICAS POR TRÁS DE DEBATES AMBIENTAIS

Não é de hoje que que discussões relacionadas a proteção do meio ambiente, capitalismo verde e economia sustentável vêm sendo debatidas por atores internacionais como os estados, organizações internacionais, empresas não estatais, etc. assim como pela ciência, na busca por uma economia mundial onde não afete tão severamente o nosso planeta, como ele tem sido afetado desde o princípio do século XX, onde o sistema socioeconômico em que vivemos nos dias de hoje, denominado sistema capitalista, teve sua maior ascensão. À exemplo de conferências onde foram realizadas discussões em prol da preservação do meio ambiente em escala mundial e em temor aos desastres naturais ocorridos e possíveis mudanças climáticas no futuro, principalmente na década de 60 foi a "Conferência de Paris" (1962), "Conferência de Estocolmo" (1972),

"ECO-92" (Conferência das Nações Unidas sobre o Meio Ambiente e Desenvolvimento, ocorrida no Rio de Janeiro em 1992), entre outras, assim como também houveram tratados como o "Tratado de Estocolmo", assinado e adotado principalmente por países europeus e da américa anglo-saxônica, que foram decisivos para uma construção de uma economia pouco mais sustentável no mundo.

- Exploração de recursos fósseis e relação de poder com o capital: Um tema um tanto quanto polêmico nas relações internacionais é exploração de recursos fósseis e as suas possíveis consequências para o meio ambiente, tendo como contrapartida, em um debate raso, o avanço da economia política local, onde esse recurso é ou pode vir a ser explorado. No entanto, a dinâmica do debate se estende não somente a esses possíveis avanços ou desastres, mas sim aos interesses econômicos de iniciativas privadas por trás dessas explorações, ou até mesmo o reforço do imperialismo dentro do sistema capitalista com a visão/intenção do lucro econômico e poder através da exploração de recursos fósseis/ energéticos e o que advém como possíveis consequências. À exemplo disso, no ano de 1990, o mundo ainda estava passando por uma espécie de pós-guerra, a cessão de conflitos relacionados a guerra fria ao mundo bipolar, observadores da época, inclusive, denominaram este momento com uma "nova" aurora, um novo "recomeço", adentrava-se um período prolongado de distensão nas relações internacionais. No entanto, neste mesmo ano, uma aliança nacional tendo como frente os Estados Unidos travaram uma guerra contra o Iraque, o que posteriormente seria denominada como guerra do Golfo. Analistas na época não se questionaram muito quanto ao motivo por trás desse conflito, que eram as reservas de petróleo localizadas no Iraque. O petróleo é considerado a mais importante fonte de energia da engrenagem produtiva em escala planetária e, portanto, recurso básico do capitalismo global. Em suma, o acontecimento ocorrido no Iraque, país que inclusive continua sendo um referencial na exportação de petróleo, não é um caso exclusivo de intervenção política, militar, econômica e afins que tenha participação dos E.U.A com a intenção da busca por recursos financeiros e poder, a fim de manter sua posição de liderança dentro do sistema capitalista desde o século XX ao século XXI.

Como outro exemplo disto temos Angola, Nigéria, Camarões, Sudão entre outros países que continente Africanos que têm representatividade, de acordo com a geografia das reservas, na exportação de petróleo, e seus conflitos internos (Guerra Civil de Darfur, à exemplo) não diminuem o menor interesse dos estrangeiros em seus recursos energéticos, o gás e o petróleo.

9. DESASTRES NATURAIS E SUAS LIGAÇÕES COM A ECONOMIA NEOLIBERAL:

Como dito anteriormente nos textos, a política e a ciência vem se preocupando desde o século XX cada vez mais com o avanço das temperaturas climáticas mundiais, fenômenos catastróficos ocorrendo com mais frequência, poluição de rios e oceanos, desmatamentos ilegais, etc. e toda a consequência desses fatores que o mundo vem sofrendo. Mas é válido se ater que por trás de diversas conferências realizadas e acordos assinados por diversos países e outros atores internacionais, o problema nunca foi sanado por completo e dados, matérias, artigos provam que independente de pequenas ações que nos propormos a fazer, não causam grandes impactos no mundo em suas problemáticas ecológicas. O capitalismo "verde" vem como uma alternativa de reduzir os danos ambientais causados ao planeta durante todos os anos em que o capitalismo se ascendeu e através da poluição de grandes indústrias, exploração de recursos naturais energéticos, superprodução de produtos, etc. em prol do acúmulo de capital na mão dos grandes empresários (capitalistas), no entanto, enquanto houver um sistema socioeconômico que vise como prioridade o lucro a preservação ambiental (pois a exploração de petróleo como a citada acima, construção de hidrelétricas, etc. degradam e põem em risco toda a biodiversidade e ecossistema local onde esses locais de exploração estão localizados), nunca haverá um equilíbrio entre o planeta e a vida humana. As empresas multinacionais, não-estatais, etc. são fatores chaves de influência para a economia neoliberal no mundo, deixando os estados como submissos ao setor privado, financiando ações como de exploração de recursos energético, guerras, entre outros, muitas das vezes, ou todas as vezes, em prol do lucro, a perpetuação do sistema socioeconômico, e a liderança de países desenvolvidos, mais especificamente os Estados Unidos, no capitalismo.

10. TRATADOS E ACORDOS AMBIENTAIS

A temática ambiental tem sido pauta constante em tratados e acordos internacionais há muito tempo, mas atualmente tem sido abordado com mais urgência decorrente do aumento do aquecimento global. Sendo assim, a seguir serão apresentados alguns dos principais acordos e tratados internacionais.

- Conferência de Estocolmo (1972)

Figurada como o primeiro evento focado predominantemente ambiental, convocada pela Organização das Nações Unidas (ONU) estabeleceu um marco global aos problemas enfrentados pelo meio ambiente e gerados pela atividade humana, tendo como resultado a formação da Convenção da Declaração sobre o Meio Ambiente.

- CITES (1973)

Convenção de Washington sobre o Comércio Internacional das Espécies da Flora e da Fauna Selvagens em Perigo de Extinção, a CITES estabelece proteção para um conjunto de plantas e animais, por meio da regulação e monitoramento de seu comércio internacional, principalmente para aquelas ameaçadas de extinção, de modo a impedir que este atinja níveis insustentáveis. No Brasil, através do decreto n° 3.607/2000, que dispõe o CITES, é determinado que a autoridade administrativa é o IBAMA.

- Conferência do Rio de Janeiro (1992)

Também convocada pela Organização das Nações Unidas (ONU) a conferência realizada no Rio de Janeiro, precedeu à Comissão Mundial sobre Meio Ambiente e Desenvolvimento a elaboração do relatório intitulado Nosso Futuro Comum ou relatório Brundtland (1987). O documento apresentou o conceito de desenvolvimento sustentável e apontou a necessidade de moldar o crescimento sócio-econômico visado com a proteção ao meio ambiente. A Rio-92 envolveu Estados, terceiro setor e comunidades nas discussões sobre meio ambiente.

- Protocolo de Kyoto (1997)

Foi o primeiro tratado internacional em controle das emissões de gases do efeito estufa na atmosfera. Realizada em Kyoto, no Japão, o acordo foi fechado durante a 3ª Conferência das Partes da Convenção das Nações Unidas sobre Mudanças Climáticas. Assinado por 84 países, o protocolo também estimulava a criação de formas de desenvolvimento sustentável para preservar o meio ambiente.

- O Acordo de Paris (2015)

O acordo de Paris é um tratado mundial assinado em 2015 durante a COP21 por vários países, com o objetivo de reduzir o aquecimento global e com esforços para limitar o aumento da temperatura do planeta até o final do século a níveis seguros. Este é um tratado que visa fortalecer a resposta global à ameaça da mudança do clima, no contexto do desenvolvimento sustentável e dos esforços de erradicação da pobreza, substituindo o tratado de Kyoto.

Os acordos e tratados internacionais realizados nas conferências sobre o meio ambiente são de grande importância para o combate à crise climática, quanto mais rápidos e mais eficazes forem implementados maior a possibilidade de garantir um mundo mais sustentável para a humanidade.

11. OS DESAFIOS AMBIENTAIS ENFRENTADOS PELA SOCIEDADE INTERNACIONAL

Atualmente a questão ambiental é o assunto mais

debatido entre a sociedade internacional. Com a vertente industrialização e a globalização do mundo a exploração de recursos naturais e da biodiversidade aumentaram exponencialmente, com isso, problemas ambientais gerados por essa exploração tem se tornado frequentes e a cada dia mais preocupantes.

Dentre os principais desafios enfrentados pela sociedade internacional estão: A questão petrolífera; O aquecimento global; A fome; Os desastres naturais e a tecnologia.

11.1. FOME E O MEIO AMBIENTE

Falar de meio ambiente sem tratar a questão da fome mundial é uma tarefa quase impossível, o mundo onde são produzidos cerca de 4 bilhões de toneladas de alimentos por ano é o mesmo onde 735 milhões passam fome e cerca de 2,3 bilhões estão em insegurança alimentar. Ambientalistas defendem a conservação e a preservação dos recursos naturais, mas a recorrente busca por riqueza por parte de grandes empresas, principalmente de exportadoras internacionais de alimentos, causam o consumo exacerbado dos recursos naturais, destruição ambiental e desigualdades sociais.

O Brasil é o país conhecido como o mais desigual em questão de renda e aproximadamente 49 milhões de pessoas passam fome ou estão abaixo da linha da pobreza, mesmo com a variedade de riquezas naturais no país, essa riqueza não é aproveitada ou é explorada de maneira irresponsável.

A exploração de recursos naturais desenfreada, o crescimento do agronegócio e a desigualdade são fatores que vêm contribuindo para a degradação ambiental e crescimento da fome mundial.

- **Desigualdade**: a desigualdade é um dos principais impulsionadores da fome. A disparidade socioeconômica cria barreiras para o acesso aos alimentos e frequentemente contribui para deterioração do meio ambiente, já que os mais pobres recorrem a práticas não sustentáveis para sobreviver.

- **Exploração de Recursos Naturais:** a exploração insustentável de recursos naturais agrava a fome e causa danos ambientais significativos. Cerca de 90% da biodiversidade é afetada graças a exploração irresponsável, causando perda da fauna e da flora e extinção de espécies, além disso a maioria desses recursos é destinada a pessoas com condições financeiras melhores, fazendo com que a população mais pobre seja a mais afetada pelos problemas gerados pela exploração, já que eles não irão usufruir desses recursos ou terão muito pouco acesso.

- **Agronegócio:** a questão do agronegócio é ainda muito sensível, enquanto contribui para a produção em larga escala de alimentos, na maioria das vezes opera com práticas que prejudicam o meio ambiente. A monocultura, uso excessivo de pesticidas e a degradação do solo são problemas comuns no agronegócio moderno. Além disso, a concentração de terras e recursos nas mãos de grandes corporações agrícolas frequentemente exclui pequenos agricultores e comunidades locais, aumentando a desigualdade.

Esses são só alguns dos fatores geradores da fome e da degradação do meio ambiente, a relação entre a fome e o meio ambiente é um desafio complexo que exige ação imediata e coordenada. A fome persiste como uma triste realidade enquanto os ecossistemas naturais sofrem com práticas insustentáveis. Para tentar frear esses problemas, é essencial promover a justiça social, garantir o acesso equitativo aos alimentos e implementar práticas agrícolas sustentáveis. A conservação dos recursos naturais e uma gestão responsável são cruciais para evitar danos irreparáveis ao meio ambiente. A luta contra a fome e a proteção do meio ambiente estão intrinsecamente ligadas, e a abordagem ideal é aquela que reconhece essa interdependência. Ao abordar essas questões de maneira integrada, podemos trabalhar em direção a um futuro onde a fome seja erradicada e o meio ambiente seja preservado para as gerações futuras. É um desafio global que requer esforços colaborativos de governos, sociedade civil e principalmente do setor privado e grandes empresas para garantir um mundo mais sustentável e igualitário. **Tecnologia**

Tecnologia e meio ambiente é outro tema relevante no mundo atual, graças aos avanços tecnológicos estamos mais conectados com o planeta e os acontecimentos globais. No entanto, essa conexão tem nos colocado diante de dilemas, como a questão ambiental, o futuro do planeta e o uso da tecnologia para salvá-lo ou destruí-lo.

É fato que a tecnologia trouxe possibilidades até então inimagináveis de sustentabilidade, mas a crença de que a tecnologia é a solução para todos os problemas ambientais pode acabar nos cegando para a complexidade do sistema técnico e político ao qual estamos inseridos. É necessário uma análise dos pontos positivos e negativos que o uso da tecnologia gera atualmente para o considerarmos vilão ou herói.

Principais pontos positivos da Tecnologia:

O avanço da tecnologia trouxe vários aspectos positivos para a atualidade e principalmente para o meio ambiente, dentre eles podemos citar a tecnologia ambiental e a redução do uso do papel. - **Tecnologia ambiental e a redução do uso do papel no Brasil:** são soluções criadas para reduzir os problemas com resíduos, economizar energia e tornar processos de produção mais ecológicos, além disso a tecnologia a longo prazo pode criar estratégias para reduzir gases poluentes responsáveis pelo efeito estufa. Com o uso da tecnologia para pagamentos online, envios de documentos por email, troca de mensagens por aplicativos e leituras de livros pelo celular tem colaborado para a redução do uso do papel. No Brasil o consumo de papel por ano é de 4k por pessoa enquanto em outros países chega ate 18k por pessoa, vale lembrar que o Brasil é o 8° país que mais realiza transação de pagamento instantâneo (PIX), segundo o relatório global da ACI Worldwide e GlobalData.

Com o avanço da tecnologia ambiental é possível gerar ainda mais soluções para o desenvolvimento sustentável. Porém ainda é necessário que tanto empresas, governos, investidores e consumidores participem e façam com que essa ideia cresça.

Principais pontos negativos da tecnologia:

Infelizmente a tecnologia não traz apenas pontos positivos, seu uso pode pode causar sérios problemas ambientais que influenciam no aquecimento global, como:

- **Emissão de Gases Causadores do Efeito Estufa:** De modo geral, a internet produz 4% de emissão de gás carbônico no mundo, essa projeção tende a aumentar nos próximos anos.

- Lixo Eletrônico: o lixo eletrônico é um dos impactos negativos da tecnologia no meio ambiente e afeta a saúde humana. O descarte incorreto dos eletrônicos pela população e por grandes fabricantes de tecnologia ainda é um dos maiores causadores desse problema.

Em uma pesquisa realizada pela Associação Internacional de Resíduos Sólidos em 2019 apontou que o mundo produziu 53,6 milhões de toneladas de lixo eletrônico. O Brasil está entre os 5 maiores produtores de lixo eletrônico do mundo. Além de serem um perigo para o meio ambiente, o lixo eletrônico também pode gerar riscos à saúde, como o Alzheimer, Câncer e outros, por conter componentes tóxicos que se alastram pelo solo e pela água.

- Aumento no Consumo de Água; apesar de existir a possibilidade da geração de energia solar, a energia hídrica é ainda a mais utilizada principalmente no nosso país, energia que é utilizada tanto na fabricação quanto no uso diário de aparelhos tecnológicos. A longo prazo o consumo de água para gerar energia pode criar uma crise hídrica e energética.

A tecnologia pode tanto ser uma aliada quanto um sério problema pro meio ambiente, atualmente sofremos mais impactos negativos em virtude do uso da tecnologia, principalmente por partes de grandes empresas as quais são as maiores poluentes de lixo eletrônicos e emissoras de gases. Mas não podemos ver a tecnologia como inimiga, com o uso e descarte consciente e a participação em atos que incentivem as grandes empresas a aderirem à tecnologia ambiental podemos torná-la uma aliada na busca pelo desenvolvimento sustentável.

11.2. CONFLITOS ENTRE MEIO AMBIENTE E COMÉRCIO

Os confrontos entre o meio ambiente e o comércio têm sido uma questão urgente no cenário global, à medida que o comércio internacional continua a crescer e os desafios ambientais se tornam mais graves. Esse assunto complexo e multifacetado envolve uma série de dilemas éticos, econômicos e políticos que afetam profundamente tanto as comunidades locais quanto a saúde do planeta como um todo.

Uma das principais áreas de conflito nessa interseção é a exploração dos recursos naturais. Muitos países em desenvolvimento dependem fortemente da exportação de matérias-primas, como minerais, madeira e petróleo, para sustentar suas economias. No entanto, essa exploração muitas vezes causa danos ao meio ambiente, como desmatamento, poluição e degradação ambiental, resultando em impactos negativos nos ecossistemas locais e globais. Enquanto os defensores do comércio argumentam que ele impulsiona o crescimento econômico e reduz a pobreza, os defensores do meio ambiente argumentam que o desenvolvimento econômico não pode ocorrer à custa da destruição ambiental.

Outro ponto de tensão está na agricultura intensiva. Para aumentar a produção de alimentos e atender à demanda global, os agricultores muitas vezes usam práticas agrícolas que podem ser prejudiciais ao meio ambiente. O uso excessivo de pesticidas, monocultura e exploração dos recursos hídricos têm um impacto significativo na qualidade do solo, biodiversidade e disponibilidade de água potável. Os tratados comerciais frequentemente tornam o comércio de produtos agrícolas mais fácil, o que pode agravar essas questões.

Além disso, as políticas comerciais podem causar danos ambientais devido à competição internacional. Empresas em busca de vantagens competitivas podem transferir sua produção para países com regulamentações ambientais mais fracas, resultando em um fenômeno conhecido como "fuga de poluição". Isso pode levar à exploração de mão de obra barata e ao desrespeito pelos padrões ambientais em países em desenvolvimento, prejudicando os esforços globais para proteger o meio ambiente.

Para lidar com esses conflitos, é essencial encontrar um equilíbrio entre comércio e sustentabilidade ambiental. Isso pode ser alcançado por meio de várias estratégias, como a inclusão de cláusulas ambientais nos acordos comerciais, a promoção de práticas comerciais sustentáveis e a conscientização sobre os impactos ambientais do comércio. Além disso, a transparência e a cooperação internacional são cruciais para resolver esses conflitos, uma vez que muitos problemas ambientais são globais por natureza e exigem uma ação conjunta. Em suma, os conflitos entre meio ambiente e comércio representam um desafio complexo e em constante evolução que requer uma abordagem equilibrada e abrangente. O desenvolvimento econômico não deve ocorrer às custas do meio ambiente, assim como o contrário também é verdadeiro. Encontrar soluções eficazes envolve considerar cuidadosamente os interesses das comunidades locais, dos países em desenvolvimento e do planeta como um todo. Buscamos um futuro onde o comércio e a proteção ambiental possam coexistir de maneira sustentável. **A busca por proteção ambiental no mundo**

A busca por proteção internacional do meio ambiente é uma preocupação crescente em todo o mundo. A compreensão de que questões ambientais transcendem as fronteiras nacionais e têm impactos globais levou à necessidade de cooperação e coordenação entre os países para enfrentar esses desafios comuns.

A proteção internacional do meio ambiente visa abordar problemas ambientais transfronteiriços, como a poluição atmosférica e dos oceanos, a perda de biodiversidade, as mudanças climáticas e o esgotamento dos recursos naturais. Ela reconhece que as ações de um país podem ter efeitos significativos em outros países e no planeta como um todo.

Esse esforço de proteção do meio ambiente em nível internacional é impulsionado por vários motivos:

1. Interdependência: O meio ambiente é uma questão interligada que afeta todos os países e pessoas. A degradação ambiental em uma região pode consequentemente afetar a economia, a saúde e a qualidade de vida das pessoas em outras partes do mundo. A proteção internacional do meio ambiente busca garantir a cooperação e a solidariedade entre os países para abordar esses problemas comuns.

2. Preservação da biodiversidade: A conservação da biodiversidade é essencial para a saúde dos ecossistemas e para a manutenção da vida no planeta. A proteção internacional do meio ambiente

visa promover a conservação de espécies e habitats, bem como a proteção dos serviços ecossistêmicos essenciais para o bem-estar humano.

3. Mitigação das mudanças climáticas: As mudanças climáticas representam uma das maiores ameaças globais atualmente. A busca pela proteção internacional do meio ambiente envolve esforços para reduzir as emissões de gases de efeito estufa, promover a adoção de energias renováveis, incentivar a adaptação às mudanças climáticas e estabelecer metas e compromissos internacionais para combater esse desafio global.

4. Promoção do desenvolvimento sustentável: A proteção internacional do meio ambiente está intimamente ligada ao conceito de desenvolvimento sustentável, que busca conciliar o crescimento econômico com a preservação ambiental e a equidade social. A adesão a normas e princípios internacionais de proteção ambiental ajuda a orientar as políticas e práticas dos países em direção a um modelo de desenvolvimento mais sustentável.

Para buscar uma proteção efetiva do meio ambiente em nível internacional, os países participam de negociações de tratados e convenções ambientais, estabelecem metas de redução de emissões, compartilham conhecimentos e tecnologias, implementam políticas sustentáveis e fortalecem a cooperação bilateral e multilateral.

É importante ressaltar que a busca por proteção internacional do meio ambiente é um processo contínuo e dinâmico, exigindo esforços conjuntos para enfrentar os desafios ambientais e garantir um futuro sustentável para as gerações presentes e futuras.

12. PROTEÇÃO EFETIVA DO MEIO AMBIENTE EM NÍVEL INTERNACIONAL:

A proteção efetiva envolve uma série de medidas e abordagens. Algumas das principais estratégias que podem contribuir para isso são:

1. Cooperação e coordenação internacional: A proteção efetiva do meio ambiente requer uma cooperação estreita entre os países. Isso envolve a participação em fóruns internacionais, negociações de tratados e convenções ambientais, compartilhamento de informações e melhores práticas, e coordenação de esforços para abordar questões ambientais globais.

2. Acordos e tratados ambientais: Os acordos e tratados ambientais estabelecem normas e diretrizes internacionais para a proteção do meio ambiente. Exemplos incluem o Protocolo de Montreal para a proteção da camada de ozônio e o Acordo de Paris sobre mudanças climáticas. Esses acordos fornecem uma estrutura legal para que os países adotem medidas concretas e se comprometam com a proteção ambiental.

3. Implementação e aplicação efetiva das leis: A existência de leis e regulamentos ambientais eficazes é crucial, mas sua implementação e aplicação são igualmente importantes. Os países devem estabelecer mecanismos robustos de execução, aplicação de sanções por violações ambientais e sistemas de monitoramento para

garantir o cumprimento das leis ambientais em nível internacional.

4. Compromissos e metas ambiciosas: Os países devem estabelecer compromissos e metas ambiciosas para promover a proteção do meio ambiente em nível internacional. Isso inclui a definição de metas de redução de emissões de gases de efeito estufa, conservação de áreas protegidas, restauração de ecossistemas degradados e adoção de práticas sustentáveis de uso dos recursos naturais.

5. Desenvolvimento e transferência de tecnologia: A promoção da proteção ambiental em nível internacional requer o desenvolvimento e a transferência de tecnologias sustentáveis. Isso envolve o compartilhamento de conhecimento científico e tecnológico, facilitando o acesso a tecnologias limpas e sustentáveis, e promovendo a inovação para abordar os desafios ambientais.

6. Educação e conscientização: A conscientização e a educação ambiental desempenham um papel fundamental na promoção da proteção em nível internacional. Os países devem investir em programas de educação ambiental para aumentar a conscientização sobre questões ambientais e promover uma cidadania ambientalmente responsável.

7. Cooperação financeira: A proteção efetiva do meio ambiente em nível internacional exige recursos financeiros adequados. Os países desenvolvidos devem apoiar os países em desenvolvimento na implementação de medidas de proteção ambiental através de cooperação financeira, incluindo

doações, financiamento climático e mecanismos de transferência de recursos.

Essas estratégias, quando combinadas e implementadas de forma coordenada e comprometida pelos países, podem contribuir para uma proteção efetiva do meio ambiente em nível internacional. No entanto, é importante ressaltar que a proteção do meio ambiente é um esforço contínuo, que requer aprimoramentos constantes e a participação de todos os setores da sociedade para enfrentar os desafios ambientais globais.

13. A PARTICIPAÇÃO DE TODOS OS SETORES DA SOCIEDADE PARA ENFRENTAR OS DESAFIOS AMBIENTAIS GLOBAIS:

A participação de todos os setores da sociedade é essencial para enfrentar os desafios ambientais globais. A proteção do meio ambiente não é responsabilidade exclusiva de governos ou organizações internacionais, mas também requer ação e engajamento de empresas, comunidades locais, grupos da sociedade civil e indivíduos.

1. Empresas: As empresas desempenham um papel fundamental na proteção do meio ambiente. Elas têm a responsabilidade de adotar práticas empresariais sustentáveis, como a redução das emissões de poluentes, o uso eficiente dos recursos naturais, a promoção da reciclagem e o investimento em tecnologias limpas. Além disso, as empresas podem contribuir financeiramente para a proteção ambiental, patrocinando projetos de conservação e adotando cadeias de suprimentos sustentáveis.

2. Comunidades locais: As comunidades locais têm um conhecimento valioso sobre o meio ambiente em suas regiões e desempenham um papel crucial na conservação dos recursos naturais. Elas podem se envolver em atividades de plantio de árvores, recuperação de áreas degradadas, manejo sustentável de recursos locais, monitoramento da qualidade da água, entre outras ações. Além disso, as comunidades podem exigir práticas sustentáveis das indústrias e governos locais, participando de processos de tomada de decisão e promovendo a conscientização ambiental.

3. Grupos da sociedade civil: As organizações não governamentais (ONGs) e outros grupos da sociedade civil desempenham um papel importante na proteção ambiental. Esses grupos podem realizar pesquisas, advocacia, campanhas de conscientização e projetos de conservação. Eles também podem monitorar a implementação de políticas e regulamentos ambientais, denunciar violações e promover a responsabilidade social e ambiental das empresas e governos.

4. Indivíduos: Cada indivíduo pode contribuir para a proteção do meio ambiente por meio de escolhas e ações diárias. Isso inclui reduzir o consumo excessivo, economizar energia e água, utilizar transporte sustentável, reciclar, reutilizar e adotar práticas de consumo consciente. Além disso, os indivíduos podem se envolver em atividades de voluntariado, participar de movimentos e petições, e pressionar por políticas mais rigorosas de proteção ambiental.

A participação de todos os setores da sociedade é essencial, pois os desafios ambientais globais requerem esforços conjuntos e colaborativos. Com a ação coletiva de governos, empresas, comunidades e indivíduos, é possível promover uma mudança significativa e positiva para enfrentar os desafios ambientais, preservar a biodiversidade, reduzir a poluição e promover um desenvolvimento sustentável para as gerações atuais e futuras.

E temos algumas Leis que visam a proteção internacional do meio ambiente:. Alguns exemplos importantes são:

1. Convenção sobre Diversidade Biológica (CDB): Adotada em 1992, a CDB tem como objetivo conservar a diversidade biológica, usar os recursos de maneira sustentável e compartilhar equitativamente os benefícios decorrentes do uso de recursos genéticos. É o principal tratado internacional sobre conservação da biodiversidade.

2. Protocolo de Quioto: Adotado em 1997, o Protocolo de Quioto é um acordo internacional vinculante para reduzir as emissões de gases de efeito estufa que contribuem para as mudanças climáticas. Estabelece metas de redução de emissões para países industrializados e estabelece mecanismos de flexibilidade para alcançar essas metas.

3. Acordo de Paris: Celebrado em 2015, o Acordo de Paris é um tratado internacional para combater as mudanças climáticas. Seu principal objetivo é limitar o aumento da temperatura global abaixo de 2 graus Celsius em relação aos níveis pré-industriais, através de ações mitigadoras de redução de emissões

e adaptação.

4. Convenção de Basileia: Adotada em 1989, a Convenção de Basileia visa controlar o movimento transfronteiriço de resíduos perigosos e seu descarte inadequado. Visa proteger a saúde humana e o meio ambiente contra os efeitos prejudiciais desses resíduos.

5. Convenção Internacional para a Prevenção da Poluição por Navios (MARPOL): Adotada em 1973 e atualizada por meio de protocolos subsequentes, o MARPOL é um tratado global que aborda a prevenção da poluição marinha causada por navios. Estabelece padrões e regulamentos para o controle de substâncias poluentes, como petróleo, produtos químicos tóxicos e lixo marinho.

6. Convenção RAMSAR: Adotada em 1971, a Convenção RAMSAR é um tratado internacional que promove a conservação e o uso sustentável das zonas úmidas. Seu principal objetivo é interromper a perda e degradação desses ecossistemas e promover sua importância para a biodiversidade e o bem-estar humano.

Essas são apenas algumas das leis internacionais que visam a proteção do meio ambiente. Existem muitos outros tratados e convenções que tratam de questões específicas, como a proteção da camada de ozônio, a gestão de resíduos radioativos, a proteção de espécies ameaçadas de extinção, entre outros. A implementação e o cumprimento dessas leis são essenciais para promover a proteção ambiental em escala global.

14. CONSIDERAÇÕES FINAIS

Baseado neste estudo, refletimos que conforme o mundo se desenvolvia, era necessária não somente a evolução da vida, mas também de nossas leis. O Mundo em que vivemos e habitamos necessita de cuidados. A proteção ao ecossistema é essencial para abordar os desafios globais à preservação dos recursos naturais, mitigação das mudanças climáticas e garantia da sustentabilidade. Vimos o surgimento de tratados e convenções internacionais que buscam coordenar esforços entre nações para enfrentar esses problemas ambientais. No entanto, o sucesso desses esforços depende da cooperação global contínua, da implementação efetiva das medidas acordadas e do reconhecimento de que o meio ambiente é uma preocupação que transcende fronteiras. À medida que enfrentamos desafios ambientais cada vez mais urgentes, a proteção internacional se torna fundamental para garantir um futuro sustentável para as gerações presentes e futuras.

15. BIBLIOGRAFIA

https://repositorio.uniceub.br/jspui/bitstream/235/11334/1/protecaointernacionaldomeioambiente.pdf. A implantação do direito internacional do meio ambiente e A busca por proteção internacional do meio ambiente

https://www.educadores.diaadia.pr.gov.br/arquivos/File/educacao_ambiental/evoluca o_historica_ambiental

https://portal.trf1.jus.br/dspace/bitstream

https://www.jusbrasil.com.br/artigos/os-principios-do-direito-internacional-do-meio-a mbiente

https://portal.trf1.jus.br/dspace/bitstream

https://www.jusbrasil.com.br/artigos/principais-topicos-do-direito-internacional-ambie ntal https://meuartigo.brasilescola.uol.com.br

https://www.umweltbundesamt.de/en/topics/sustainability-strategies-international/env ironmental-law/international-environmental-law#the-environment-and-international-lia bility-law-

https://www.j1diario.com.br/o-meio-ambiente-e-a-fome-por-eder-varussa/ https://pet.agro.ufg.br/n/43489-ate-metade-dos-alimentos-do-mundo-vai-para-o-lixodiz-estudo#:~:text=O%20mundo%20produz%20cerca%20de,Mec%C3%A2nicos%2 C%20com%20sede%20em%20Londres.

https://www.amda.org.br/index.php/comunicacao/informacoes-ambientais/5620-expl oracao-dos-recursos-naturais-e-responsavel-por-90-da-perda-de-biodiversidade-e-e stresse-hidrico#:~:text=Informa%C3%A7%C3%B5es%20ambientais-,Explora%C3%A7%C3%A3o%20dos%20recursos%20naturais%20%C3%A9%20respons%C3%A1 vel%20por%2090%25%20da,de%20biodiversidade%20e%20estresse%20h%C3%A Ddrico&text=A%20expans%C3%A3o%20populacional%20e%20o,deveriam%20per durar%20por%2012%20meses.

https://g1.globo.com/economia/noticia/2023/07/12/brasil-tem-101-milhoes-de-brasilei ros-passando-fome-e-703-milhoes-em-inseguranca-alimentar-aponta-onu.ghtml

https://senhorcontabil.com.br/blog/impactos-da-tecnologia-no-meio-ambiente-positiv os-e-negativos-da-reducao-de-papel-ao-crescimento-do-lixo-eletronico/ https://angulos.crea-rj.org.br/meioambiente/ http://antigo.mma.gov.br/epanb/item/15017-marco-legal-e-tratados-internacionais.html

https://www12.senado.leg.br/noticias/entenda-o-assunto/protocolo-de-kyoto https://cebds.org/noticia/o-que-e-o-acordo-de-paris/ https://jus.com.br/artigos/19556/tratados-internacionais-de-meio-ambiente-estatura-n o-ordenamento-juridico-brasileiro

ABRAMOVAY, Ricardo "Muito mais que o clima, discute-se o capitalismo". José Eli da Veiga – Editora Autores Associados.

DIAS, Guilherme Vieira "Capitalismo e Ambiente: O mini-ciclo do aquecimento global de 2006-2009 dentro da crise socioambiental em curso desde os anos de 1970".

LINS, Hoyêdo Nunes "Geoeconomia e Geopolítica dos Recursos Energéticos no Capitalismo Contemporâneo: O Petróleo no Vértice das Tensões Internacionais na Primeira década do Século XXI"

HERCULANO, Selene "O Clamor Por Justiça Ambiental E Contra o Racismo

Ambiental".

GURSKI, Bruno; GONZAGA, Roberto; TENDOLINI, Patrícia "Conferência de Estocolmo: Um Marco na Questão Ambiental".

GUERRA, Sidney "Direito Internacional Ambiental: Breve Reflexão"

SEMINÁRIOS

Introdução ao Estudo do Direito e Relações Internacional

PROF. JORIELSON BRITO NASCIMENTO
Editora Independente

SOBRE O AUTOR
Prof. Jorielson Brito Nascimento

✓ Doutorando em Ciências Jurídicas (Teorias Jurídicas Contemporâneas) pela Universidade Federal do Rio de Janeiro (UFRJ);

✓ Mestre em Direito Ambiental e Políticas Públicas pela Universidade Federal do Amapá (UNIFAP);

✓ Graduado em Direito pela Universidade Federla do AP (UNIFAP);

✓ Graduado em Licenciatura Plena em Matemática pela Universidade Federal do Amapá (UNIFAP);

✓ Professor do Magistério Superior da Universidade Federal do Amapá (UNIFAP/MEC);

✓ Agente de Polícia Federal - Departamento de Polícia Federal (PF/MJ);

✓ Ex-Oficial de Ligação da Polícia Federal na Guiana Francesa (2011-2013 - INTERPOL/PF);

✓ Professor em Programas de Pós-Graduação nas áreas de Ciências Criminais, Ciências Ambientais, Segurança Pública e Seguranança Ambiental;

✓ Diretor-Presidente da Escola de Administração Pública do Amapá - EAP/AP (2019/2021);

✓ Exerceu o mandato de Vereador da cidade de Macapá/AP (2017/2018);

✓ Exerceu o mandato de Deputado Federal em 2022 (Brasília-DF - 56ª Legislatura - República Federativa do Brasil).

www.ingramcontent.com/pod-product-compliance
Lightning Source LLC
Chambersburg PA
CBHW051044250726
48656CB00001B/140